LES

MOHICANS

DE PARIS

PAR

ALEXANDRE DUMAS

18

PARIS
ALEXANDRE CADOT, ÉDITEUR
37, rue Serpente.

1855

LES MOHICANS DE PARIS

Ouvrages de divers auteurs.

Aventures du prince de Galles, *par L. Gozlan.*	5 vol.
La marquise de Belverano, *par le même.*	2 vol.
Mes Mémoires, *par Alexandre Dumas.*	22 vol.
Mystères de la Famille, *par Élie Berthet.*	5 vol.
Le Cadet de Normandie, *par le même.*	2 vol.
La Ferme de la Borderie, *par le même.*	2 vol.
La Bastide Rouge, *par le même.*	2 vol.
Fabio, *par Pierre de Lancy.*	5 vol.
Il faut que jeunesse se passe, *par A. de Lavergne.*	5 vol.
Laquelle des deux, *par Maximilien Perrin.*	2 vol.
Partie et revanche, *par le même.*	2 vol.
Le Sultan du quartier, *par le même.*	2 vol.
Aventures de Saturnin Fichet, *par Frédéric Soulié, tomes 7, 8, 9 et derniers.*	5 vol.
La Tache de sang, *par le vicomte d'Arlincourt, tomes 3, 4, 5 et derniers.*	5 vol.
La mère Rainette, *par Charles Deslys.*	6 vol.
Nelly, *par Amédée Achard.*	2 vol.
Souvenirs de 1830 à 1842, *par Alex. Dumas.*	6 vol.
Les vrais Mystères de Paris, *par Vidocq.*	7 vol.
Mémoires d'une Somnambule, *par J. Lacroix.*	5 vol.
Un mauvais Ange, *par le même.*	3 vol.
Histoire d'une grande dame, *par le même.*	2 vol.
Les Francs-Juges, *par Emmanuel Gonzalès.*	2 vol.
Les sept baisers de Buckingham, *par le même.*	2 vol.

Fontainebleau, imprimerie de E. Jacquin.

LES

MOHICANS

DE PARIS

PAR

ALEXANDRE DUMAS

18

PARIS
ALEXANDRE CADOT, ÉDITEUR
37, rue Serpente
—
1855

1

La nuit du 29 au 30 avril.

Tandis que la discussion, dont nous connaîtrons plus tard les détails et les résultats, allait s'ouvrir autour de cette table au tapis vert, où se sont tant de fois joués les destins de l'Europe.

Tandis que M. de Marande, simple voltigeur dans la deuxième légion, rentrant chez lui sans avoir donné, de toute la journée, une marque d'approbation ou d'improbation à laquelle on pût reconnaître son opinion politique, dévêtait son uniforme avec un empressement qui indiquait le peu de sympathie qu'il ressentait pour l'habit militaire, cet habit ne fût-il qu'un déguisement, et, comme s'il n'eût été préoccupé que du grand bal qu'il devait donner, présidait lui-même à tous les préparatifs de sa soirée, nos jeunes gens, qui n'avaient pas revu Salvator depuis les dernières recommandations échangées à la revue, s'étaient hâtés, comme M. de Marande, de mettre bas leur uniforme et de venir s'informer chez Justin, comme à une source commune, de ce qui leur restait à faire dans les différentes éventualités qui pouvaient s'offrir.

Justin attendait lui-même Salvator.

Le jeune homme arriva vers les neuf heures.

Il avait, lui aussi, ôté son uniforme, et repris son costume de commissionnaire. On voyait facilement à son front couvert de sueur et à sa poitrine haletante, qu'il avait largement utilisé le temps depuis son retour de la revue.

— Eh bien ! demandèrent les quatre jeunes gens d'une seule voix en l'apercevant.

— Eh bien ! répondit Salvator, il y a conseil des ministres.

— A quel propos ?

— Mais à propos de la punition qu'il s'agit d'infliger à cette bonne garde nationale, qui n'a pas été sage.

— Et quand saura-t-on le résultat du conseil ?

— Aussitôt qu'il y aura un résultat.

— Vous avez donc vos entrées aux Tuileries ?

— J'ai mes entrées partout.

— Diable ! fit Jean Robert, je suis fâché de ne pouvoir attendre, j'ai un bal obligé.

— Moi aussi, dit Pétrus.

— Chez M. de Marande? dit Salvator.

— Oui, firent les deux jeunes gens étonnés. Comment saviez-vous cela ?

— Je sais tout.

— Mais demain matin, au point du jour, des nouvelles, n'est-ce pas ?

— Inutile, vous les aurez cette nuit.

— Mais puisque Pétrus et moi allons chez madame de Marande...

— Eh bien! vous les aurez chez madame de Marande.

— Qui nous les donnera ?

— Moi.

— Comment, vous allez chez madame de Marande?

Salvator sourit.

— Non pas chez madame de Marande, dit-il, chez monsieur.

Puis il ajouta avec ce fin sourire qui était un des signes particuliers de sa physionomie :

— C'est mon banquier!

— Ah! sacrebleu! dit Ludovic, je suis fâché maintenant de ne pas avoir accepté l'invitation que tu m'offrais, Jean Robert.

— S'il n'était pas si tard ! s'écria le jeune homme.

Puis, tirant sa montre :

— Mais neuf heures et demie, continua-t-il, impossible !

— Vous désirez aller au bal de madame de Marande ? demanda Salvator.

— Oui, répondit Ludovic, j'aurais voulu ne pas quitter mes amis cette nuit. Ne peut-il pas y avoir quelque chose d'un moment à l'autre ?

— Il n'y aura probablement rien, dit Salvator, mais ne quittez pas vos amis pour cela.

— Il faut bien que je les quitte, puisque je n'ai pas d'invitation.

Salvator laissa errer sur son visage un de ces sourires qui lui étaient habituels.

— Priez notre poète de vous présenter, dit-il.

— Oh! fit vivement Jean Robert, je ne suis pas assez libre dans la maison.

Et une légère rougeur passa sur ses joues.

— Alors, priez M. Jean Robert de mettre votre nom sur cette carte.

Et il tira de sa poche une carte imprimée sur laquelle étaient écrits ces mots :

« M. et madame de Marande ont l'honneur d'inviter M.... à la soirée qu'ils donneront en leur hôtel de la rue d'Artois, le dimanche 29 avril prochain. On dansera.

» Paris, ce 20 avril 1827. »

Jean Robert regarda Salvator avec un étonnement qui tenait de la stupéfaction.

— Allons, dit Salvator, vous avez peur qu'on ne reconnaisse votre écriture ? Donnez-moi une plume, Justin.

Justin tendit une plume à Salvator.

Salvator écrivit le nom de Ludovic sur la carte, en forçant son écriture fine et aristocratique à prendre les proportions d'une écriture ordinaire.

Puis il donna la carte au jeune docteur.

— Maintenant, dit Jean Robert, vous avez dit, mon cher Salvator, que vous n'alliez pas chez madame de Marande, mais chez monsieur.

— C'est vrai; j'ai dit cela.

— Comment nous verrons-nous ?

— C'est vrai, dit Salvator avec son même sourire, car vous allez chez madame, vous.

— Je vais au bal d'un ami, et je ne présume pas qu'on parlera politique dans ce bal.

— Non, mais à onze heures et demie, quand notre pauvre Carmélite aura chanté, le bal commencera et, à minuit sonnant, on ouvrira, au bout de la galerie qui forme une serre, le cabinet de M. de Marande. Là seront admis ceux qui diront ces deux mots :

— CHARTE ET CHARTRES.

— Ils ne sont pas difficiles à retenir, n'est-ce pas ?

— Non !

— Eh bien, voilà toutes choses convenues. Maintenant, si vous voulez vous habiller et être à dix heures et demie dans le boudoir bleu, il n'y a pas de temps à perdre.

— J'ai une place pour quelqu'un dans mon coupé, dit Pétrus.

— Prends Ludovic, vous êtes voisins, dit Jean Robert, moi j'irai de mon côté.

— Soit !

— Ainsi à dix heures et demie dans le boudoir de madame pour entendre Carmélite, dit Pétrus.

— Et à minuit, dans le cabinet de monsieur pour savoir ce qui s'est passé aux Tuileries.

Et les trois jeunes gens, après avoir serré la main de Salvator et de Justin, se retirèrent, laissant ensemble les deux carbonari.

A onze heures, nous l'avons vu, Jean

Robert, Pétrus et Ludovic étaient réunis chez madame de Marande et applaudissaient Carmélite.

A onze heures et demie, tandis que madame de Marande et Régina prodiguaient leurs soins à Carmélite évanouie, ils donnaient à Camille la leçon que nous avons dite.

Enfin, à minuit, tandis que M. de Marande, resté en arrière pour prendre des nouvelles de Carmélite, baisait galamment la main de sa femme en lui demandant comme une faveur, une fois le bal terminé, d'aller la saluer dans sa chambre à coucher, ils entraient dans le cabinet du banquier en donnant le mot de passe convenu : Charte et Chartres.

Là étaient rassemblés tous les vétérans des conspirations de Grenoble, de Belfort, de Saumur et de La Rochelle, ces hommes enfin qui avaient conservé leurs têtes sur leurs épaules par un miracle d'équilibre : — les Lafayette, les Kœchlin, les Pajol, les Dermoncourt, les Carrel, les Guimard, les Arago, les Cavaignac, chacun représentant soit une opinion tranchée, soit une nuance d'opinion, tous produisant au grand jour une honorabilité reconnue.

On mangeait des glaces, on buvait du punch et l'on parlait théâtre, arts, littérature.

Politique, on s'en serait bien gardé!

Les trois jeunes gens entrèrent ensemble et cherchèrent des yeux Salvator.

Salvator n'était pas encore arrivé.

Tous trois alors, selon leurs sympathies, allèrent s'attacher à une de ces grandes renommées qui étaient là.

Jean Robert à Lafayette, qui avait pour lui une amitié presque paternelle.

Ludovic à François Arago, cette belle tête, ce grand cœur, ce charmant esprit.

Enfin, Pétrus à Horace Vernet, dont tous les tableaux venaient d'être refusés au salon pour cause politique et qui venait de faire chez lui une exposition particulière, à laquelle courait tout Paris.

Le cabinet de M. de Marande présentait un curieux échantillon des mécontents de tous les partis.

Tous ces mécontents parlant, comme nous l'avons dit, de choses d'art, de science, de guerre, tournaient cependant la tête vers la porte à chaque nouvel arrivant.

Ils semblaient attendre quelqu'un.

Et, en effet, ils attendaient le messager encore inconnu qui devait leur apporter des nouvelles du château.

Enfin la porte s'ouvrit et donna passage à un jeune homme d'une trentaine d'années, mis avec la plus parfaite élégance.

Pétrus, Ludovic et Jean Robert retinrent un cri d'étonnement. Ce jeune homme, c'était Salvator.

II

Monsieur de Valsigny.

Le nouvel arrivant chercha des yeux, aperçut M. de Marande et s'avança vers lui.

M. de Marande lui tendit la main.

— Vous arrivez tard, monsieur de Valsigny, lui dit le banquier.

— Oui, monsieur, répondit le jeune homme avec une voix et des gestes parfaitement différents de ses gestes et de sa voix habituels et en portant un lorgnon à son œil droit, comme s'il avait besoin de cet appendice pour reconnaître Jean Robert, Pétrus et Ludovic ; oui, j'arrive tard, c'est vrai, mais j'ai été retenu chez ma tante, une vieille douairière, amie de madame la duchesse d'Angoulême, et qui me donnait des nouvelles du château.

Chacun redoubla d'attention. Salvator échangea quelques saluts avec les personnes qui se pressaient autour de lui, chacun de ces saluts contenant, avec une mesure précise, le degré d'amitié, de respect ou de familiarité que l'élégant M. de Valsigny croyait devoir accorder à chacun.

— Des nouvelles du château, répéta M. de Marande; il y a donc des nouvelles du château?

— Ah! vous ne saviez pas, oui, il y avait conseil.

— Ceci, cher monsieur de Valsigny, dit en riant M. de Marande, ce n'est pas du nouveau.

— Mais cela peut en faire, et cela en a fait.

— Vraiment?

— Oui.

On se rapprocha.

— Sur la proposition de MM. de Villèle,

de Corbière, de Peyronnet, de Damas, de Clermont-Tonnerre; sur l'insistance surtout de madame la Dauphine, que les cris de *A bas les jésuites !* avaient fort blessée, malgré la résistance de MM. de Frayssinous et de Chabrol, qui votaient pour le licenciement partiel, la garde nationale est dissoute.

— Dissoute?

— De fond en comble; de sorte que moi, qui avais un très beau grade, j'étais fourrier, me voilà sans emploi... et il faudra que je m'occupe à autre chose.

— Dissoute! répétèrent les auditeurs. Mais c'est très grave ce que vous dites là, fit le général Pajol.

— Trouvez-vous, général?

— Sans doute, c'est tout simplement un coup d'État.

— Oui. Eh bien! Sa Majesté Charles X a fait un coup d'État.

— Vous êtes sûr de ce que vous dites? demanda Lafayette.

— Ah! monsieur le marquis — Salvator n'avait pas pris au sérieux MM. de Lafayette et de Montmorency brûlant leurs titres dans la nuit du 4 août 1789 — ah! monsieur le marquis, je ne dirais rien qui ne fût l'exacte vérité.

Puis, d'une voix plus ferme :

— Je croyais avoir l'honneur d'être assez

connu de vous pour que vous ne doutassiez point de ma parole.

Le vieillard tendit la main au jeune homme.

Puis, tout en souriant et à demi-voix :

— Déshabituez-vous donc de m'appeler marquis, lui dit-il.

— Excusez-moi, reprit en riant Salvator ; mais vous êtes tellement marquis pour moi...

— Eh bien ! soit, pour vous qui êtes un homme d'esprit, je resterai pour vous ce que vous voudrez que je sois, mais faites-moi seulement général pour les autres.

Alors, revenant à la conversation primitive :

— Et quand rend-t-on cette belle ordonnance ? demanda le général Lafayette.

— Elle est rendue.

— Comment, rendue ? fit M. de Marande, et je ne le sais pas encore !

— Vous le saurez probablement tout à l'heure, il ne faut pas en vouloir à votre donneur d'avis s'il est en retard, j'ai des moyens à moi de voir à travers les murailles, une espèce de diable boiteux qui soulève les toits pour que je regarde dans les conseils d'État.

— Et en regardant à travers les murailles des Tuileries, vous avez vu rédiger l'ordonnance?

— Il y a plus, j'ai lu par-dessus l'épaule de celui qui tenait la plume. Oh! il n'y a pas de phrases, ou plutôt il n'y a qu'une phrase : « Charles X, par la grâce de Dieu, etc., sur le rapport de notre secrétaire d'État, ministre de l'intérieur, etc., LA GARDE NATIONALE DE PARIS EST DISSOUTE, » voilà tout.

— Et cette ordonnance?...

— Est envoyée en double, un pli au *Moniteur*, un autre au maréchal.

— Et elle sera au *Moniteur* demain?

— Elle y est déjà ; seulement le *Moniteur* n'est pas paru.

Les assistants se regardèrent.

Salvator continua :

— Demain, ou plutôt aujourd'hui, car nous avons enjambé minuit, aujourd'hui, à sept heures du matin, les gardes nationaux seront relevés dans leurs postes par la garde royale et la troupe de ligne.

— Oui, dit une voix, jusqu'à ce que la garde nationale relève dans leurs postes la troupe de ligne et la garde royale.

— Cela pourra bien arriver un jour, répondit Salvator, dont l'œil jeta un éclair; mais ce ne sera point sur une ordonnance du roi Charles X que la chose arrivera.

— C'est à ne pas croire d'aveuglement, dit Arago.

— Ah! monsieur Arago, fit Salvator, vous, un astronome, qui pouvez, à deux ou trois ans près, prédire une éclipse, vous ne voyez pas mieux que cela dans le ciel de la royauté?

— Que voulez-vous, dit l'illustre savant, je suis un homme positif et par conséquent plein de doutes.

— C'est-à-dire que vous voulez une preuve, fit Salvator. Soit! on va vous en donner une.

Il tira de sa poche un petit papier encore humide.

— Tenez, dit-il, voici une épreuve de l'ordonnance qui sera demain au *Moniteur*.

Dame! elle est un peu effacée; elle a été tirée, tout exprès pour moi, à la brosse.

Puis, avec un sourire :

— C'est cela qui m'a un peu retardé, dit-il, je l'attendais.

Et il donna l'épreuve à Arago, des mains duquel elle passa dans toutes les mains.

Puis, comme un acteur qui ménage ses effets, quand Salvator eut vu que l'effet de l'épreuve était produit.

— Puis, dit-il, il y a encore autre chose.

— Eh! quoi donc? firent toutes les voix.

— Il y a que M. le duc de Doudeauville, ministre de la maison du roi, a donné sa démission.

— Oh! dit Lafayette, je savais que, depuis l'insulte faite par la police au corps de son parent, il n'attendait qu'une occasion.

— Eh bien! fit Salvator, à propos de la garde nationale, l'occasion s'est présentée.

— Et la démission a été acceptée?

— Avec empressement.

— Par le roi?

— Le roi se faisait bien un peu tirer l'oreille, mais madame la duchesse d'Angoulème lui a fait observer que c'était une place toute trouvée pour M. le prince de Polignac.

— Comment, pour M. le prince de Polignac ?

— Pour M. le prince Armand-Jules de Polignac, condamné à mort en 1804, sauvé par l'intervention de l'impératrice Joséphine, fait prince romain en 1814, pair en 1816 et ambassadeur à Londres en 1823. Y a-t-il encore à se tromper sur son idendité ?

— Mais puisqu'il est ambassadeur à Londres...

— Oh ! qu'à cela ne tienne, on le rappellera.

— Et M. de Villèle, fit M. de Marande, il a approuvé le rappel?

— Il s'y est bien un peu opposé, fit Salvator, conservant avec une persistance stupéfiante son air léger, car c'est un fin renard que M. de Villèle, à ce que l'on dit, du moins. Moi, je n'ai l'honneur de le connaître que comme le commun des martyrs, et martyr est bien le mot, je crois, par son cinq pour cent, car quoique, comme le disent MM. Méry et Barthélemy :

> Depuis cinq ans entiers l'impassible Villèle
> Cimente sur le roc sa fortune éternelle.

il comprend qu'il n'y a pas de roc, si solide qu'il soit, qu'on ne puisse miner. Témoin Annibal, qui, au dire de Tite-Live, a percé la chaîne des Alpes avec du vinaigre, et il a peur que M. de Polignac ne soit le vinaigre qui pulvérisera son roc.

— Comment, s'écria le général Pajol, M. de Polignac au ministère !

— Il ne nous resterait plus qu'à nous voiler la face, dit Dupont (de l'Eure).

— Je crois, monsieur, dit Salvator, qu'il nous resterait au contraire à la montrer.

Le jeune homme prononça ces mots avec un accent si différent de celui qu'il avait adopté jusque-là, que tous les yeux se fixèrent sur lui.

Là, seulement, ses trois amis l'avaient reconnu.

C'était bien leur Salvator, à eux, et non plus le Valsigny de M. de Marande.

En ce moment, un laquais entra et remit un pli à M. de Marande.

— Pressé, dit-il.

— Je sais ce que c'est, dit le banquier.

Et il prit vivement la lettre, qu'il tira d'une enveloppe sans cachet, et lut ces trois nouvelles écrites d'une grosse écriture :

« La garde nationale dissoute.

» La démission du duc de Doudeauville acceptée.

» M. de Polignac rappelé de Londres. »

— En vérité, dit Salvator, on dirait que c'est moi qui renseigne Son Altesse Royale monseigneur le duc d'Orléans.

Tout le monde tressaillit.

Le hardi jeune homme était peut-être le seul qui osât prononcer le nom du prince en occasion pareille.

— Mais, qui vous a dit que c'est de Son Altesse Royale? fit vivement M. de Marande.

— J'ai reconnu son écriture, dit simplement Salvator.

— Son écriture?

— Il n'y a rien d'étonnant à cela, nous avons le même notaire, M. Baratteau.

En ce moment, on annonça que le souper était servi.

Salvator laissa retomber son lorgnon, et regarda son chapeau en homme qui s'apprête à sortir.

— Mais vous nous restez à souper, monsieur de Valsigny? dit vivement M. de Marande.

— Impossible, monsieur, et j'en suis aux regrets.

— Comment cela?

— Ma nuit n'est pas finie, et je vais l'achever à la cour d'assises.

— A la cour d'assises! à cette heure?

— Oui, on est pressé d'en finir avec un pauvre diable dont le nom ne vous est peut-être pas inconnu.

— Ah! M. Sarranti, ce misérable qui a tué deux enfants et volé une somme de cent mille écus à son bienfaiteur, dit une voix.

— Et qui se fait passer pour bonapartiste, dit une autre voix. J'espère bien qu'il sera condamné à mort.

— Oh! pour condamné à mort, dit Salvator, vous pouvez en être sûr, monsieur.

— Et exécuté!

— Ah! exécuté, c'est moins sûr.

— Comment, vous croyez que Sa Majesté ferait grâce à un pareil misérable?

— Non, mais il se pourrait que le misérable fût innocent, et alors sa grâce viendrait, non pas du roi, mais de Dieu.

Et Salvator prononça ces derniers mots avec un accent qui le faisait de temps en temps reconnaître par ses trois amis, sous l'apparence frivole qu'il avait revêtue.

— Messieurs, dit M. de Marande, vous avez entendu, le souper est servi.

Pendant que les personnes auxquelles M. de Marande s'adressait s'acheminaient vers la salle à manger, les trois jeunes gens s'approchèrent de Salvator.

— Dites-moi, mon cher Salvator, dit Jean Robert, il serait possible que nous eussions besoin de vous voir demain.

— C'est probable.

— Alors, où vous trouverons-nous?

— Mais à ma place habituelle, rue aux Fers, à la porte de mon cabaret, au coin de ma borne; vous oubliez toujours que je suis commissionnaire, mon cher. Oh! les poètes! les poètes!

Et il sortit par la porte opposée à celle qui conduisait dans la salle à manger, sans hésitation, comme un homme à qui tous les passages de la maison sont familiers, et laissant ses trois amis dans un étonnement qui allait presque jusqu'à la stupéfaction.

III

Chambre de madame de Marande.

Nos lecteurs se rappellent peut-être qu'avec un accent de charmante galanterie, M. de Marande, avant de rentrer dans son cabinet, où l'attendaient les nouvelles des Tuileries données par Salvator, avait demandé la permission à sa femme, une fois le bal fini, de lui faire une visite dans sa chambre à coucher.

Il est six heures du matin. Le jour commence à paraître, les dernières voitures ont cessé de faire retentir le pavé de la cour de l'hôtel, les dernières lumières s'éteignent dans les appartements, les premiers bruits de Paris s'éveillent. Il y a un quart d'heure que madame de Marande est retirée dans sa chambre à coucher, il y a cinq minutes que M. de Marande a échangé les dernières paroles avec un homme dont l'allure militaire se trahit sous son habit bourgeois.

Ces dernières paroles ont été :

« *Que Son Altesse Royale soit tranquille,*

elle sait qu'elle peut compter sur moi comme sur elle-même. »

Derrière cet homme, qui est parti rapidement emporté par deux vigoureux chevaux, dans une voiture sans armoiries, conduite par un cocher sans livrée et qui a disparu au coin de la rue Richelieu, les portes de l'hôtel se sont fermées.

Maintenant, que le lecteur ne se préoccupe point trop de ces cloisons de fer et chêne qui viennent de s'interposer entre lui et les maîtres de la splendide maison dont nous avons éclairé quelques parties. Notre baguette de romancier n'a qu'à se lever et les portes les mieux fermées se rouvriront devant nous. Usons donc de ce privilége et tournons du bout de cette baguette la porte du boudoir de madame Lydie de Marande :

— Sézame, ouvre-toi !

Vous le voyez, voici la porte ouverte sur ce charmant boudoir bleu céleste, où vous avez, il y a quelques heures, entendu Carmélite chanter la romance du *Saule*.

Tout à l'heure, nous aurons à ouvrir devant vous une porte bien autrement terrible, celle de la Cour d'assises. Mais permettez qu'avant de mettre le pied dans cet enfer du crime, nous entrions nous reposer un instant et prendre des forces dans ce paradis d'amour qu'on appelle la chambre de madame de Marande.

Cette chambre était, pour ne pas se trouver en contact immédiat avec le boudoir, précédée d'une espèce de vestibule ayant la forme d'un dais immense.

Ce vestibule, qui faisait en même temps une salle de bains, était éclairé par le plafond et avec des verres de couleur, faisant des dessins arabes; ses murailles et son plafond, moins l'ouverture destinée à laisser pénétrer un jour qui ne devait jamais aller au-delà d'une demi-obscurité, étaient tendus d'une étoffe toute particulière, d'un ton neutre, flottant entre le gris perle et le jaune orange.

Quant au tissu, il semblait fait avec ces plantes d'Asie dont les Indiens extraient les fils textiles pour en faire cette étoffe connue chez nous sous le nom de *nankin*.

Les tapis étaient des nattes de Chine douces comme l'étoffe la plus flexible, et s'harmoniaient admirablement de couleur avec les tentures.

Quant aux meubles, ils étaient de laque de Chine, avec de simples filets d'or.

Les marbres étaient blancs comme du lait, et les porcelaines qu'ils supportaient de ce bleu turquoise tout particulier à ce que, en terme de bric-à-brac, on appelle du vieux Sèvres pâte tendre.

En mettant le pied dans ce doux réduit mystérieusement éclairé par une lampe de verre de Bohême pendue au plafond, on se fût cru à cent lieues de la terre, et il eût semblé que l'on voyageait dans un de ces nuages orangés, pétris d'azur et d'or, dont Marilhat frangeait ses paysages d'Orient.

Une fois parvenu à ce nuage, il était tout simple que l'on entrât dans le paradis.

Et c'était bien le paradis, en effet, que cette chambre où nous conduisons le lecteur.

Une fois la porte de cette chambre ouverte ou plutôt une fois la portière soulevée, — car s'il y avait des portes, l'art du tapissier les avait rendues invisibles, — une fois la portière soulevée, le premier objet qui frappait tout d'abord les yeux, c'était la belle Lydie rêveusement étendue dans le lit qui occupait le côté droit de la chambre, un coude appuyé, ou pour mieux dire enfoncé dans un oreiller qui semblait de gaze, et tenant de l'autre main un petit livre de poésie relié en maroquin, livre que peut-être elle avait le plus grand désir de lire, mais qu'elle ne lisait pas, tant elle semblait être préoccupée d'une autre pensée que celle de la lecture.

Une lampe de porcelaine de Chine brûlait sur une petite table de Boule, et éclairait, à travers un globe de verre de Bohême rouge, les draps de lit d'une teinte rosée, pareille à celle qui se répand, au lever du soleil, sur la neige virginale de la Yungfrau ou du Mont-Blanc.

Voilà ce qui frappait tout d'abord ; et peut-être essayerons-nous tout à l'heure de rendre le plus chastement qu'il nous sera possible l'impression produite par ce ravissant tableau ; mais auparavant, nous nous sentons entraîné comme malgré nous à décrire le reste de l'habitation.

L'Olympe d'abord ;

Puis la déesse qui l'habitait.

Qu'on imagine une chambre ou plutôt un nid de colombe, assez grande tout juste pour dormir, assez haute tout juste pour respirer.

Elle était tendue, plafond et muraille, de velours nacarat ayant des reflets de grenat, d'escarboucle et de rubis, aux endroits que leur saillie mettait en lumière.

Le lit en tenait presque toute la longueur, et à peine si, à chaque extrémité du lit, pouvait tenir une étagère en bois de rose chargée des plus délicieux brimborions de Saxe, de Sèvres et de Chine, qu'on avait pu recueillir chez Mombro et chez Gansberg.

En face du lit était la cheminée, tout habillé de velours, comme le reste de la chambre.

Aux deux côtés de cette cheminée étaient deux causeuses qui semblaient recouvertes avec les plumes de la gorge d'un colibri, et, au-dessus de chacune de ces causeuses, une glace, dont le cadre était formé de feuilles et d'épis de maïs brodés.

Asseyons-nous sur une de ces causeuses, et donnons un coup d'œil au lit.

Le lit, comme tout le reste de la chambre, était de velours nacarat, capitonné, et sans un seul ornement. Seulement, sa riche nuance ressortait par l'encadrement au milieu duquel il apparaissait.

Cet encadrement était un chef-d'œuvre de simplicité, et l'on s'étonnait, en le voyant, qu'il y eût un tapissier assez poète, ou un poète assez tapissier pour arriver à un pareil résultat.

Il se composait de ces grandes pièces

d'étoffe d'Orient que les femmes arabes appellent *haïks*. Ces haïks étaient de soie, à bandes alternées bleue et blanche.

Leurs franges étaient les franges mêmes du tissu.

Aux deux extrémités du lit, deux larges pièces de cette étoffe tombaient verticalement et pouvaient se draper le long de la muraille, à l'aide d'embrasses algériennes tressées de soie et d'or, avec des anneaux de turquoise.

Le fond du lit était une immense glace, prise dans un cadre de velours pareil au lit, et reposant, non pas sur la muraille, mais sur un troisième haïk.

Au niveau supérieur de la glace, l'étoffe, froncée en mille plis, s'élançait et allait par une pente douce rejoindre une grande flèche d'or, autour de laquelle elle s'enroulait en deux gros bouillons.

Mais la merveille de cette chambre était ce que reflétait la glace de ce lit, destinée évidemment à faire disparaître les limites de l'appartement.

Nous avons dit qu'en face du lit était la cheminée.

Au-dessus de cette cheminée, chargée de ces mille charmantes futilités qui composent *le monde* d'une femme, s'étendait une serre dont on n'était séparé que par une glace sans tain, qui, à la rigueur, pou vait rentrer dans la muraille et mettre ainsi en communication la chambre de la femme avec la chambre des fleurs.

Au milieu de cette petite serre, surmontant un bassin dans lequel jouaient des poissons de Chine de toutes couleurs, et où venaient s'abreuver des oiseaux de pourpre et d'azur gros comme des abeilles, s'élevait une petite statue de marbre de Pradier, de demi-grandeur.

Certes, cette petite serre était à peine de la grandeur de la chambre; mais par un miracle d'arrangement, elle paraissait un magnifique et immense jardin de l'Inde ou des Antilles, tant les plantes tropicales dont elle était plantée s'enlaçaient les unes aux autres, comme pour donner aux regards qui se fixaient sur elles le spectacle de toute une flore exotique.

C'était, en effet, tout un continent de dix pieds carrés, toute une Asie de poche.

L'arbre que l'on a appelé le roi des végétaux, l'arbre de la science du bien et du mal, l'arbre né dans le paradis terrestre et dont l'origine est incontestable, puisque la feuille a servi à couvrir la nudité de nos premiers parents, et que, pour cette cause, il a reçu le nom de figuier d'Adam, était représenté par ses cinq espèces principales : le bananier du Paradis, le bananier à fruits courts, le bananier de la Chine, le bananier à sparte rose, le bananier à sparte rouge ; à côté de lui, et comme à l'abri de ses larges feuilles, croissait l'héléconia, qui a quelque ressemblance avec lui, par la longueur et la largeur des feuilles; puis le ravenala de Madagascar, représentant en miniature le fameux arbre du voyageur, où le nègre altéré trouve l'eau fraîche que lui refuse le ruisseau tari; la strelitzia regina, dont la fleur semble la tête d'un serpent à dard et à aigrette de feu; le balisier des Indes-Orientales, dont on fabrique, à Delhi, des tissus aussi souples que ceux tressés avec la soie la plus fine; le costus, employé par les anciens dans toutes les cérémonies religieuses, à cause de son parfum; l'augrec odorant de l'île de la Réunion, le zingiber de la Chine, qui n'est autre que la plante qui donne le gingembre; enfin, toute une collection, en abrégé, des richesses végétales du monde entier.

Le bassin et le socle de la statue étaient perdus dans des fougères aux feuilles découpées comme avec un emporte-pièce, et dans des lycopodes qui pouvaient lutter avec la mousse des plus fins tapis de Smyrne et de Constantinople.

Maintenant, à défaut du soleil, qui ne sera que dans quelques heures le roi de l'horizon, cherchez à travers toutes ces feuilles, toutes ces fleurs, tous ces fruits, le globe lumineux qui pend à la voûte, et qui, répandant ses rayons à travers une eau légèrement tintée de bleu, donne à cette petite forêt vierge la clarté sereine et mélancolique, les reflets doux et argentés de la lune.

IV

Causerie conjugale.

Vue du lit, cette petite serre était un spectacle adorable.

Aussi, comme nous l'avons dit, la personne qui était couchée dans le lit, et qui, appuyée sur le coude, tenait un livre de l'autre main, cette personne levait-elle les yeux au-dessus de son livre et laissait-elle errer ses regards à travers les sentiers lilliputiens que traçait çà et là la lumière dans le pays enchanté qu'elle voyait à travers une glace comme à travers un rêve.

Si elle aimait, elle devait chercher des yeux les rameaux fleuris et amoureusement entrelacés où elle voudrait poser son nid.

Si elle n'aimait pas, elle devait demander à la vie luxuriante de cette magnifique végétation l'ineffable secret de l'amour, dont chaque feuille, chaque fleur, chaque parfum, dévoilaient chastement et mystérieusement les premiers mots.

Et maintenant que nous croyons avoir suffisamment décrit cet Éden inconnu de la rue d'Artois, parlons de l'Ève qui l'habitait.

Oui, Ève est bien le nom que méritait Lydie, ainsi rêveusement accoudée, et lisant les *Méditations* de Lamartine ; regardant à chaque strophe, strophes parfumées, s'entr'ouvrir les boutons des plantes, et continuant ainsi, dans la nature, le rêve commencé dans le livre.

Oui, c'était une Ève véritable, rose, fraîche et blonde, Ève au lendemain du péché, laissant errer son regard sur tout ce qui l'entourait; Ève tremblante, inquiète, palpitante, cherchant anxieusement le secret de ce paradis où l'on sentait bien qu'elle avait été deux, et où elle était tout attristée de se retrouver seule; appelant enfin par les battements de son cœur, par les éclairs de ses yeux, par les frissons de ses lèvres, ou le Dieu qui l'avait fait naître, ou l'homme qui l'avait fait mourir.

Enveloppée dans des draps d'une fine batiste, le cou enveloppé d'une palatine de duvet, la lèvre humide, l'œil en feu, la joue en fleurs, un sculpteur d'Athènes ou de Corinthe n'eût pas rêvé un autre modèle, un type plus complet et plus achevé pour une statue de Léda.

Elle avait en effet, de la Léda enlacée par le cygne, la rougeur amoureuse et la voluptueuse contemplation.

En la voyant ainsi, l'auteur de la Psyché, cette Ève païenne, Canova en eût fait un chef-d'œuvre de marbre qui eût détrôné sa Vénus Borghèse.

Corrége en eût fait une Calypso rêveuse, ayant derrière elle un amour caché dans un coin de draperie.

Dante en eût fait la sœur aînée de Béatrix et aurait demandé à être conduit par elle à travers les détours de la terre, comme il avait été conduit par la sœur cadette à travers les détours du ciel.

Mais, à coup sûr, poètes, peintres et sculpteurs se fussent inclinés devant la merveilleuse personne en qui résidaient à la fois, par un incompréhensible mélange, la pudeur de la jeune fille, le charme de la femme, la sensualité de la déesse.

Oui, la dixième, la quinzième, la vingtième année, l'année enfantine, l'année nubile, l'année amoureuse, qui font la trilogie de la jeunesse, ces trois années qui viennent chacun à son tour au-devant de l'enfant, de la jeune fille et de la femme, et qui, une fois dépassées, restent en arrière. Ces trois années, comme les trois Grâces de Germain Pilon, semblaient faire cortége à la créature privilégiée dont nous essayons de retracer le portrait et effeuiller à la fois sur son front leurs fleurs aux plus purs parfums, aux plus fraîches couleurs.

Selon la manière de la regarder, *elle apparaissait*.

Un ange l'eût prise pour sa sœur, Paul pour Virginie, Desgrieux pour Manon Lescaut.

D'où lui venait cette triple beauté, incomparable, étrange, inexplicable? C'est ce que nous essaierons, non pas d'expliquer, mais de faire comprendre dans la suite de notre récit, réservant ce chapitre, et même le chapitre suivant, à la conversation de madame de Marande et de son mari, afin de justifier, s'il est possible, ce titre de causerie conjugale que nous venons de donner au présent chapitre.

Ce mari va entrer tout à l'heure. C'est lui que madame de Marande attend dans une distraction si profonde, mais, à coup sûr, ce n'est pas lui que son regard distrait cherche dans les demi-teintes de l'appartement et dans les pénombres de la serre.

Il lui a cependant, d'une façon bien tendre, demandé cette permission dont il va profiter, de venir un instant causer avec elle dans son appartement avant d'aller se renfermer dans le sien.

Eh quoi! tant de beauté, tant de jeunesse, tant de fraîcheur, sont ce que l'homme arrivé à sa vingt-cinquième année, c'est-à-dire à l'apogée de sa jeunesse, peut rêver de plus idéal et qu'il ne rencontre jamais. Eh quoi! tant de bonheur, tant de joie, tant d'ivresse, tous ces trésors appartiennent à un seul homme, c'est ce banquier, blond, frais, rose, pimpant, poli et spirituel, c'est vrai, mais sec, froid, égoïste, ambitieux que nous connaissons ; tout cela est à lui, comme son hôtel, comme ses tableaux, comme sa caisse.

Quelle aventure mystérieuse, quelle puissance sociale, quelle tyrannique et implacable autorité ont pu lier l'un à l'autre ces deux êtres dissemblables, en apparence du moins, ces deux voix si peu faites pour se parler, ces deux cœurs si mal faits pour s'entendre ?

Peut-être le saurons-nous plus tard. En attendant, écoutons-les causer, et peut-être un regard, un signe, un mot d'un de ces deux enchaînés nous mettra-t-il sur la trace des événements encore cachés pour nous dans la nuit sombre du passé.

En somme, c'était cet homme que madame de Marande attendait. Mais était-ce à lui qu'elle rêvait en l'attendant?

Tout à coup il lui sembla entendre le sourd froissement des tapis dans la chambre précédente. Si léger que fût le pas qui s'approchait, le parquet craqua sous lui. Madame de Marande passa une dernière et rapide revue de sa toilette; elle croisa plus étroitement sur son cou sa pelisse de cygne; elle tira plus avant sur ses poignets la dentelle de sa chemise de nuit, et, voyant que tout le reste de sa personne était voilé d'une façon irréprochable, elle ne fit plus le moindre mouvement pour en changer la disposition.

Seulement elle renversa son livre ouvert sur son lit, leva un peu le front de manière à ce que ce fût non pas le haut de la tête, mais son menton qui plongeât dans sa main, et dans cette posture, où il y avait encore plus d'indifférence que de coquetterie, elle attendit son seigneur et maître.

M. de Marande souleva la tapisserie, mais s'arrêta sur le seuil de la porte.

— Puis-je entrer? demanda-t-il.

— Certainement! ne m'aviez-vous pas dit que vous viendriez, je vous attends depuis un quart d'heure.

— Oh! que me dites-vous là, madame, quand vous devez être si fatiguée? J'ai été indiscret, n'est-ce pas?

— Non ! venez.

M. de Marande s'approcha, fit un charmant salut plein de grâce, prit la main que lui tendait sa femme, s'inclina sur cette main au poignet délicat, aux doigts blancs et effilés, aux ongles roses, et y posa si légèrement ses lèvres, que madame de Marande comprit l'intention plutôt qu'elle ne sentit le baiser.

Le regard de madame de Marande interrogea son mari. Il était facile de voir que rien n'était plus inaccoutumé qu'une pareille visite de la part de M. de Marande.

Et cependant il était facile de voir encore que cette visite n'était ni désirée ni redoutée. C'était plutôt la visite d'un ami que celle d'un époux. Elle paraissait même attendre avec plus de curiosité que d'inquiétude.

M. de Marande sourit, puis avec sa voix la plus douce :

— Que je vous fasse avant tout mes excuses, madame, de vous faire visite si tard, ou plutôt si matin. Croyez bien que, si les occupations les plus graves ne devaient pas me retenir toute la journée hors de l'hôtel, j'aurais attendu une plus favorable occasion pour causer confidentiellement avec vous.

Quelle que soit l'heure que vous choisissiez pour causer avec moi, monsieur, dit madame de Marande d'une voix affectueuse, c'est toujours une bonne heure. Quelle que soit l'occasion qui vous amène, c'est toujours une occasion précieuse, d'autant plus précieuse qu'elle est plus rare.

M. de Marande s'inclina, mais cette fois en signe de remercîment.

Puis, approchant une bergère, il s'assit, appuyant le bras du fauteuil au lit de madame de Marande, de manière à se trouver en face d'elle.

Madame de Marande laissa retomber sa tête sur sa main et attendit.

— Permettez-moi, madame, dit M. de Marande, avant d'entrer en matière, ou, si vous le préférez, afin d'y mieux entrer, de vous renouveler mes compliments bien sincères sur votre rare beauté qui grandit tous les jours, et qui semblait arrivée cette nuit véritablement à l'apogée de la beauté humaine.

En vérité, monsieur, mais je ne sais comment vous remercier d'une pareille courtoisie. Elle me cause d'autant plus de joie que vous me mesurez d'habitude les compliments avec une certaine épargne. — Laissez-moi m'en plaindre sans vous le reprocher.

— N'accusez de mon avarice que l'amour jaloux du travail, madame. Mes nuits et mes jours sont tout entiers consacrés à 1 tâche que je me suis imposée, mais s'il m'était permis d'espérer qu'un jour une partie de mes heures se passerait dans le doux loisir que vous me faites en ce moment, croyez que ce jour serait un des beaux jours de ma vie.

Madame de Marande leva les yeux sur son mari, et comme si rien ne pouvait lui sembler plus étrange que ce qu'il venait de lui dire, elle le regarda avec étonnement.

— Mais il me semble, monsieur, répondit-elle avec tout le charme qu'elle put donner à sa voix, que toutes les fois que vous souhaiterez avoir ce loisir, vous n'aurez qu'à faire ce que vous avez fait ce matin, me prévenir que vous désirez me voir ou même, ajouta-t-elle en souriant, vous présenter chez moi sans me prévenir.

— Vous savez, dit en souriant à son tour M. de Marande, que ce ne sont point là nos conditions.

— Ces conditions, monsieur, c'est vous qui les avez dictées, et non moi. Je les ai acceptées, voilà tout. Ce n'était point à celle qui, ne vous apportant aucune dot, recevait de vous sa fortune, sa position et même l'honneur de son père, à faire ses conditions, ce me semble.

— Croyez-vous, chère Lydie, que le moment soit venu de changer quelque chose à ces conditions, et ne vous semblerais-je pas bien importun, par exemple, si, ce matin, je venais brutalement jeter mon réalisme conjugal au milieu des rêves que vous avez faits cette nuit, que vous faisiez tout à l'heure en m'attendant et que vous faites encore peut-être en ce moment même où je vous parle?

Madame de Marande commença de comprendre où tendait la conversation, et sentit passer sur son visage un nuage de pourpre.

V

Suite, ou, si l'on veut, commencement de la causerie conjugale.

M. de Marande donna au nuage de pourpre le temps de se dissiper.

Puis, revenant juste à ce point de la conversation où elle avait été interrompue :

— Ces conditions, madame, demanda M. de Marande avec son éternel sourire et son implacable politesse, vous les rappelez-vous ?

— Parfaitement, monsieur, répondit Lydie d'une voix qu'elle s'efforçait de maintenir calme.

— C'est que voilà bientôt trois ans que j'ai le bonheur d'être votre époux, et, en trois ans, on oublie bien des choses.

— Je n'oublierai jamais ce que je vous dois, monsieur.

— Voilà justement où nous différons d'avis. Je ne crois pas que vous me deviez quelque chose, madame ; mais si vous pensiez le contraire, et que vous crussiez avoir contracté quelque dette vis-à-vis de moi, c'est justement cette dette que je vous prierais d'oublier.

— On n'oublie pas quand on veut et comme on veut, monsieur, et il est certaines âmes pour lesquelles l'ingratitude est non-seulement un crime, mais une impossibilité ! Mon père, vieux soldat inhabile aux affaires; mit toute sa fortune, qu'il espérait doubler, dans une spéculation, et fut ruiné. Il avait des engagements pris avec la maison de banque à laquelle vous veniez de succéder, et ces engagements ne pouvaient être tenus à leur échéance. Un jeune homme...

— Madame... essaya d'interrompre M. de Marande.

— Je ne veux passer sur rien, monsieur, insista Lydie; vous croiriez que j'ai oublié. Un jeune homme qui avait cru mon père-riche, avait sollicité ma main. Une répugnance instinctive pour ce jeune homme avait fait que d'abord mon père avait repoussé sa demande; — vaincu par mes prières; — ce jeune homme m'avait dit qu'il m'aimait, et j'avais cru l'aimer.

— Vous aviez cru? fit M. de Marande.

— Oui, monsieur, j'avais cru. À seize ans, est-on bien sûre de ses sentiments, surtout quand on sort de pension et que l'on ignore complètement le monde? Je répète donc : vaincu par mes prières, mon père avait fini par accueillir M. de Bedmar. Tout était arrêté, même ma dot, trois cent mille francs. Le bruit de la ruine de mon père se répandit ; mon fiancé tout à coup cessa ses visites et disparut. Puis mon père reçut de lui une lettre datée de Milan, dans laquelle il lui disait qu'ayant appris ses répugnances premières à l'accepter pour gendre, il ne voulait point faire violence à ses sympathies. Ma dot avait été déposée à part et sauvegardée de toute atteinte. C'était à peu près la moitié de ce que devait mon père à votre maison de banque. Trois jours avant les échéances de ses engagements, il se présenta chez vous, vous offrit les trois cent mille francs, et vous demanda du temps pour le reste. Vous lui répondîtes de se tranquilliser d'abord, et vous ajoutâtes que, comme vous aviez *une affaire* à lui proposer, vous lui demandiez un rendez-vous chez lui pour le lendemain. Est-ce bien cela ?

— Oui, madame ; cependant je réclamerai contre le mot *affaire*.

— C'est celui dont vous vous servîtes, je crois ?

— Il me fallait un prétexte pour entrer chez vous, madame. Le mot *affaire* fut, non pas une désignation, mais un prétexte.

— J'abandonne le mot, monsieur, en pareille circonstance. Le *mot* n'est rien ; la *chose* est tout. Vous vîntes et vous fîtes à mon père cette proposition inattendue de devenir mon mari, de prendre pour ma dot les six cent mille francs de dettes contractées par lui vis-à-vis de votre maison, et de lui rendre pour lui-même les cent mille écus qu'il vous avait offerts.

— En proposant plus à votre père, madame, j'aurais craint qu'il me refusât.

— Je sais tout ce qu'il y a de délicatesse en vous, monsieur. Mon père, si étourdi qu'il fût de la proposition, accepta, sauf mon consentement, et, ce consentement, vous savez qu'il ne se fit point attendre.

— Je sais que vous avez un cœur pieux et filial, madame.

— Vous vous rappelez notre entrevue, monsieur? Mes premières paroles furent pour vous parler du passé, pour vous avouer...

— Un de ces secrets de jeune fille qu'un homme délicat ne doit jamais donner à sa fiancée le temps d'achever. D'ailleurs, j'ajoutai ceci : Prenez ma proposition au point de vue qu'il vous plaira, madame, ou comme *une affaire* que je fais...

— Vous voyez bien que ce fut le mot dont vous vous servîtes.

— Je suis banquier, dit M. de Marande, et il faut pardonner à l'habitude, — ou comme *une affaire* que je fais, et dont les résultats, quoique inconnus, doivent être avantageux pour moi, ou comme *une dette* que j'acquitte au nom de mon père.

— Parfaitement, monsieur, je me souviens de tout cela. Il s'agissait d'un service rendu par mon père au vôtre pendant l'Empire, ou au commencement de la Restauration.

— Justement, madame. Puis, j'ajoutai que ne croyant point qu'il fût dû aucun amour ni aucune reconnaissance à ce double titre auquel je devenais votre époux, je vous laissais parfaitement libre de vos sentiments à mon égard ; que moi-même, ayant des engagements pris, je me réservais mon indépendance ; que jamais vous ne seriez, si séduisante que Dieu vous ait faite, importunée par mes exigences conjugales. J'ajoutai enfin que je croyais même ne devoir donner, belle, jeune et apte à l'amour comme vous étiez, d'autre limite à cette liberté offerte que la mesure que vous-même, la réglant sur les convenances sociales, voudriez bien y mettre. Je me réservai seulement de veiller sur vous comme un père indulgent fait sur sa fille, et, comme un père toujours, à titre de gardien de votre réputation qui devenait la mienne, de réprimer les tentatives inconvenantes que certains hommes ne manqueraient point de faire, attirés et éblouis par votre beauté.

— Monsieur !

— Hélas ! ce titre de père, j'eus bientôt le droit de le prendre. Le colonel mourut subitement pendant un voyage qu'il fit en Italie. Mon correspondant de Rome me transmit la triste nouvelle; votre douleur, en l'apprenant, fut grande; les premiers mois de notre mariage vous virent vêtue de deuil.

— Oh! de cœur comme de corps, monsieur, je vous jure...

— Qui en doute? ce n'est pas moi, madame, qui eus tant de peine, non pas à vous faire oublier ce malheur, mais à obtenir de vous de le renfermer dans les limites de la raison. Vous eûtes la bonté de m'écouter. Peu à peu vous quittâtes les vêtements sombres, ou plutôt les vêtements sombres vous quittèrent; on vous vit peu à peu sortir de ce deuil, comme, aux premiers jours du printemps, une fleur sort de l'enveloppe grise de l'hiver; le velouté de la jeunesse, la fraîcheur de la beauté n'avaient jamais disparu de vos joues;

mais le sourire s'était exilé de vos lèvres. Peu à peu, oh! ne vous en faites pas un reproche, madame, c'est une loi de la nature, peu à peu le sourire exilé revint, le front assombri s'éclaira, la poitrine oppressée par les soupirs commença de se dilater dans de joyeuses aspirations, vous revîntes à la vie, au plaisir, à la coquetterie, vous vous refîtes femme, et rendez-moi la justice de dire, madame, que je vous servis de guide et de soutien dans ce difficile chemin, plus difficile qu'on ne croit, qui ramène des pleurs au sourire, de la douleur à la joie.

— Oui, monsieur, dit madame de Marande en saisissant la main de son mari, et laissez-moi serrer cette main qui m'a si patiemment, si charitablement, si fraternellement conduite.

— Vous me remerciez d'une faveur que vous m'avez faite, c'est en vérité trop de bonté de votre part.

— Mais enfin, monsieur, demanda madame de Marande, tout émue, soit de la scène même qui s'accomplissait, soit des souvenirs que lui rappelait cette scène, me ferez-vous la grâce de me dire où vous en voulez venir?

— Ah! pardon, madame, j'oubliais et l'heure qu'il est et la place où je me trouve, et la fatigue que vous devez éprouver.

— Monsieur, permettez-moi de vous dire

que vous vous trompez éternellement à mes intentions.

— J'abrège, madame. Je disais donc que votre rentrée dans le monde, après plus d'un an d'absence, avait produit une vive sensation. Vous l'aviez quitté belle, il vous revit charmante. Rien n'embellit comme le succès. De charmante que vous étiez, vos succès vous firent adorable.

— Nous voilà revenus aux compliments.

— Nous voilà revenus aux vérités, c'est toujours là qu'il faut en revenir, madame; maintenant laissez-moi dire, et en quelques mots j'aurai fini.

— J'écoute!

— Eh bien! madame, j'ai fait, en vous tirant de l'obscurité que jetaient sur tous vos vêtements de deuil, ce qu'a fait Pygmalion en tirant sa Galathée du bloc de marbre où elle était cachée à tous les yeux. Supposez maintenant Pygmalion notre contemporain; supposez Pygmalion conduisant dans le monde sa Galathée sous le nom de... Lydie; supposez qu'au lieu d'aimer Pygmalion, Galathée n'aime... rien. Vous figurez-vous l'angoisse du pauvre Pygmalion, les souffrances, je ne dirai pas même de son amour, mais de son orgueil, lorsqu'il entendra dire : Ce n'est pas pour lui, le pauvre statuaire, qu'il a animé la statue, mais... pour...

— Monsieur, la comparaison...

— Oui, je connais le proverbe; « la comparaison n'est pas raison, » c'est vrai; revenons donc purement et simplement à la réalité, sans métaphore: eh bien! madame, cette étonnante beauté qui vous conquiert à vous mille amis et à moi mille envieux; cette grâce sans pareille, qui fait bourdonner autour de vous, comme des abeilles autour d'un rosier, la fleur de nos élégants; ce pouvoir que vous avez sur tout ce qui vous environne, et qui attire irrésistiblement tout ce qui passe dans sa sphère; cette beauté magique, enfin, m'effraie et me fait trembler comme me ferait trembler la vue d'un précipice au-dessus duquel je me promènerais en votre chère compagnie. Me comprenez-vous?

— Je vous assure que non, monsieur, répondit Lydie.

Et avec un charmant sourire, elle ajouta :

— Ce qui vous prouve, en passant, que je n'ai pas autant d'esprit que vous me faites parfois l'honneur de me le dire.

— Il en est de l'esprit comme du soleil, madame ; il a ses heures de retraite et de recueillement. Je vais donc, en même temps qu'à votre esprit, tâcher de parler à vos yeux : vous souvenez-vous qu'un jour, dans notre voyage de Savoie, en sortant d'Entremont, en apercevant, du haut de la montagne, le Rhône qui étincelait sous le soleil comme un fleuve d'argent, à l'ombre comme un fleuve d'azur ; vous souvenez-vous que, quittant tout à coup mon bras et courant sur le plateau de la montagne, vous vous arrêtâtes avec effroi en apercevant, à travers les fleurs et les herbes formant un frêle tapis, un abîme ouvert devant vos pas et visible seulement quand on venait d'en atteindre le bord ?

— Oh! oui, je m'en souviens, dit en fermant les yeux et en pâlissant légèrement, madame de Marande, et je suis heureuse de m'en souvenir, car si vous ne m'aviez pas retenue et tirée en arrière, je n'aurais, selon toute probabilité, pas le bonheur de vous renouveler mes remercîments.

— Je ne les sollicitais point, madame. Seulement, par une image et en éveillant vos souvenirs, je désirais vous expliquer, plus clairement que je ne l'avais fait encore, ce que j'appelais tout à l'heure un abîme. Eh bien, votre beauté m'effraie à l'égal de ce ravin de six cents pieds, que recouvraient des herbes et des fleurs, et j'ai peur qu'un jour nous n'y soyons engloutis l'un et l'autre.

Cette fois, comprenez-vous, madame ?

— Oui, monsieur, je crois que je commence à comprendre, répondit Lydie en baissant les yeux.

— Si vous commencez à comprendre, répondit en souriant M. de Marande, je suis parfaitement tranquille, vous comprendrez bientôt tout à fait.

VI

Suite et fin d'une causerie conjugale.

— Eh bien, madame, je disais donc, reprit M. de Marande, que remplaçant pour vous un père, vous savez que je n'ai jamais réclamé d'autres droits que ceux-là, remplaçant pour vous, dis-je, un père, je dois jeter, avec une certaine inquiétude, les yeux sur les nuées de beaux, d'élégants, de dandys qui entourent ma fille.

Remarquez bien, madame, que ma fille a toute liberté; dans cette nuée étincelante, pimpante, mordorée, elle peut faire son choix à elle; de ce choix il n'arrivera jamais aucun malheur. Seulement, je crois non pas de mon droit, mais de mon devoir, de lui dire, toujours comme un père : Bien choisi, mon enfant, mal choisi, ma fille!

— Monsieur!

— Encore, non! je me trompe, je ne lui dirai pas cela; je passerai en revue les hommes qui s'occupent plus particulièrement d'elle, et je lui dirai mon avis sur ces hommes.

Voulez-vous savoir mon avis, madame, sur quelques-uns de ceux qui se sont le plus occupés de vous hier?

— Parlez, monsieur!

— Nous allons commencer par monseigneur Coletti.

— Oh! monsieur.

— Je n'en parle que pour mémoire et comme ouverture convenable de liste. D'ailleurs, madame, monseigneur Coletti est un charmant prélat.

— Un prêtre!

— Vous avez raison ; aussi, tenez, vous me ramenez tout de suite à votre sentiment. Un prêtre n'est pas dangereux pour une femme comme vous, belle, jeune, riche et libre, ou presque libre, et monseigneur Coletti peut s'occuper de vous publiquement ou en cachette, venir vous voir au grand jour ou pendant la plus sombre obscurité, personne ne s'avisera jamais de dire que madame de Marande est la maîtresse de monseigneur Coletti.

— Et cependant, monsieur... fit madame de Marande en coupant sa phrase d'un sourire.

— Cependant il vous aime ou plutôt il est amoureux de vous. Monseigneur Coletti n'aime que lui-même, voilà ce que vous voulez dire, n'est-ce pas?

Le sourire resté en permanence sur les lèvres de madame de Marande était une tacite adhésion à l'opinion de son mari.

— Eh bien! mais, continua le banquier, un adorateur dans les hautes dignités de l'Église, cela va assez bien à une jeune et jolie femme, surtout quand cette jeune et jolie femme n'est ni prude ni dévote, et a un autre amant.

— Un autre amant! s'écria madame de Marande.

— Remarquez que je ne parle pas de vous, je généralise; je dis une jeune et jolie femme. Vous êtes jeune parmi les jeunes, jolie parmi les jolies, mais enfin vous n'êtes pas la seule jeune, la seule jolie femme de Paris, n'est-ce pas?

— Je n'ai point cette prétention, monsieur.

— Va donc pour monseigneur Coletti. Il vous fait garder la meilleure loge du Conservatoire quand viennent les concerts spirituels, il vous garde la meilleure tribune de Saint-Roch pour entendre le *Magnificat* et le *Dies iræ*, et il a donné à mon maître d'hôtel des recettes de purée de gibier qui ont fait l'admiration de vos deux vieux sigisbés, MM. de Courchamp et Montrond.

Puis il y a ensuite un charmant garçon, et que j'aime de tout mon cœur.

Madame de Marande interrogea son mari du regard.

Ce regard disait clairement :

— Qui cela ?

— Aussi laissez-moi vous faire son éloge, non pas comme poète, non pas comme auteur dramatique. Vous savez qu'il est convenu que nous autres banquiers nous ne connaissons rien à la poésie ni au théâtre, mais comme homme.

— Vous voulez parler de M. .....

Madame de Marande hésita.

— Je veux parler de M. Jean Robert, parbleu !

Un second nuage de pourpre, bien autrement intense et coloré que le premier, passa sur le visage de madame de Marande.

M. de Marande n'en perdit pas la plus petite nuance; cependant il n'y parut pas faire la plus petite attention.

— Vous aimez M. Jean Robert? répéta madame de Marande.

— Pourquoi pas? il est de bonne maison. Son père, presque contemporain du vôtre, occupait dans les armées républicaines un grade supérieur à celui que le vôtre occupait dans les armées impériales. S'il avait voulu se rallier à la famille de Napoléon, peut-être serait-il mort maréchal de France, au lieu de laisser en mourant sa famille dans la misère, ou à peu près. Le jeune homme a pris tout cela en main, il a marché bravement à travers les difficultés de la vie ; c'est un cœur franc, honnête, loyal, qui sait peut-être cacher son amour, mais qui ne sait point cacher ses répulsions. Ainsi, tenez, moi, par exemple, il ne m'aime pas.

— Comment, il ne vous aime pas ! s'écria madame de Marande se laissant emporter, je lui ai cependant dit...

— D'avoir l'air de m'aimer. Eh bien, le pauvre garçon, quoiqu'il ait, je n'en doute pas, le plus grand égard à vos recommandations, il ne saurait, sur ce point-là, arriver à vous obéir. Non ! il ne m'aime pas.

Aussi, voyez, s'il me voit venir d'un côté de la rue et qu'il puisse sans impolitesse passer de l'autre, il le fait. Si je le rencontre et que, pris à l'improviste, il soit obligé de me saluer, c'est avec une froideur qui blesserait tout autre que moi, qui remplis ce devoir de courtoisie pour lui faire accepter une invitation chez vous. Eh bien, je sais cela, il a fait toutes les difficultés du monde hier, je l'ai forcé, littéralement forcé, à me donner la main, et si vous saviez ce que le pauvre garçon a souffert pendant tout le temps que sa main est restée dans la mienne, cela m'a touché, et plus il me déteste, plus je l'aime. Vous comprenez cela, n'est-ce pas, madame; c'est d'un homme ingrat, mais d'un honnête homme.

— En vérité, monsieur, je ne sais comment prendre ce que vous me dites.

— Comme il faut toujours prendre tout ce que je dis, madame, c'est la vérité. Ce pauvre garçon se croit des torts envers moi, cela le gêne.

— Monsieur, mais quel tort?

— Je ne vous dis pas que ce ne soit point un visionnaire. Il est poète, et tout poète l'est peu ou point. A propos, une recommandation : il vous fait des vers, n'est-ce pas?

— Monsieur...

— Il vous en fait, j'en ai vu.

— Mais il ne les fait pas imprimer.

— Il a raison, s'ils sont mauvais; il a tort, s'ils sont bons. Qu'il ne se gêne pas pour moi. J'y mets une condition, cependant.

— Laquelle?... Qu'il n'y ait pas de nom?

— Au contraire, au contraire. Peste! des mystères avec nous, ses amis! Non pas, que votre nom y soit en toutes lettres. Qui diable voulez-vous qui voie du mal à des vers faits par un poète à une jolie femme? Quand il fait des vers à une fleur, à la lune, au soleil, met-il une initiale? non, il met leur nom tout entier. Comme la fleur, comme la lune, comme le soleil, vous êtes une des douces, des belles, des bienfaisantes créations de la nature; qu'il vous traite comme le soleil, comme la lune, comme les fleurs !

— En vérité, monsieur, si vous parlez sérieusement...

— Oui, cela vous rend la poitrine plus légère.

— Monsieur...

— Ainsi, c'est convenu, bon gré mal gré, M. Jean Robert reste au nombre de nos amis; et si l'on s'étonne de ses assiduités, vous direz, ce qui est vrai, que ce n'est ni vous ni lui qui avez désiré ces assiduités, mais bien moi, moi, qui rends pleine justice au talent, à la délicatesse, à la discrétion de Jean Robert.

— Oh! quel homme étrange vous faites, monsieur! fit madame de Marande; et qui me dira le secret de votre singulière affection pour moi!

— Vous gêne-t-elle, madame? demanda M. de Marande avec un sourire qui ne manquait pas d'une certaine mélancolie.

— Oh! non, Dieu merci! Seulement elle me fait craindre une chose...

— Laquelle?

— C'est qu'un beau jour... mais non, c'est inutile que je vous dise ce qui me passe par l'esprit ou plutôt par le cœur.

— Dites, madame, si ce que vous avez à dire peut être dit à un ami.

— Non, cela aurait presque l'air d'une déclaration.

M. de Marande regarda fixement sa femme.

— Mais enfin, monsieur, dit-elle, ne vous est-il point parfois venu une chose à l'idée?

M. de Marande continua de regarder sa femme.

— Dites cette chose, madame, fit-il après un instant de silence.

—. C'est que... si ridicule que cela soit, une femme puisse devenir amoureuse de son mari.

Un nuage passa rapidement sur le visage de M. de Marande. Il ferma les yeux, et l'obscurité, pour ainsi dire, se fit sur sa physionomie.

Puis, secouant la tête et comme sortant d'un songe :

— Oui, dit-il, si ridicule que cela soit, cela peut être... Priez Dieu, madame, qu'un pareil phénomène ne se produise pas entre nous.

Puis il ajouta à voix basse et en fronçant le sourcil :

— Ce serait un trop grand malheur pour vous... et surtout pour moi.

Puis, se levant, il fit deux ou trois tours dans la chambre, affectant de rester dans la partie de l'appartement qui était à la tête du lit de madame de Marande, et où, par conséquent, les regards ne pouvaient le suivre.

Mais cependant, grâce à un miroir placé auprès de son lit, madame de Marande remarqua que M. de Marande s'essuyait le front, et peut-être même les yeux, avec son mouchoir.

VII

Fin de la causerie conjugale qui s'est trouvée être plus longue que l'auteur ne le croyait.

Sans doute M. de Marande s'aperçut-il que son émotion, quelle qu'en fût la cause, le trahissait aux yeux de sa femme, car, rassérénant son visage et forçant ses lèvres et ses yeux à sourire, il revint s'asseoir sur le fauteuil resté vacant pendant quelques minutes.

Puis, après un instant de silence :

— Maintenant, madame, dit-il, après avoir eu l'honneur de vous dire mon opinion sur monsignor Coletti et sur M. Jean Robert, il me reste à vous demander la vôtre sur M. Lorédan de Valgeneuse.

Madame de Marande regarda son mari avec un certain étonnement.

— Mon opinion sur lui, monsieur, dit-elle, est celle de tout le monde.

— Dites-moi celle de tout le monde alors, madame.

— Mais M. de Valgeneuse...

Elle s'arrêta, embarrassée d'aller plus loin.

— Pardon, dit-elle, monsieur, mais vous me paraissez avoir des préventions contre M. de Valgeneuse.

— Des préventions ! moi ? Dieu me garde d'avoir des préventions contre M. de Valgeneuse ; non, j'écoute seulement ce que l'on dit. Vous savez ce que l'on dit, n'est-ce pas, de M. de Valgeneuse ?

— Il est riche, il a des succès, il est fort bien en cour. C'est plus qu'il n'en faut pour qu'on dise beaucoup de mal de lui.

— Savez-vous le mal qu'on en dit ?

— Comme je sais le mal, monsieur, fort médiocrement...

— Eh bien ! voilà ce qu'on en dit. Parlons de sa richesse d'abord.

— Elle est incontestable.

— Certainement dans le fait de son existence, mais contestable, à ce qu'il paraît, dans la façon dont elle a été acquise.

— Le père de M. de Valgeneuse n'a-t-il pas hérité de cette fortune d'un frère aîné?

— Oui, seulement il court sur cet héritage une sourde histoire, quelque chose comme un testament qui aurait disparu au moment de la mort de ce frère aîné, frappé, au moment où l'on s'y attendait le moins, d'une apoplexie foudroyante. Il y avait un fils ; avez-vous entendu parler de cela, madame ?

— Vaguement. Le monde que voyait mon père n'était pas celui de M. de Valgeneuse.

— Votre père était un honnête homme, madame, et il y un proverbe sur le monde que l'on voit. Eh bien ! il y avait un fils, un jeune homme charmant que les héritiers, ceux qu'on accuse, — quand je dis qu'on accuse, il ne s'agit point ici, vous le comprenez bien, madame, d'une accusation devant la cour d'assises, — eh bien ! ce jeune homme charmant, les héritiers l'ont chassé de la maison de son père, car, de notoriété, il était fils du marquis de

Valgeneuse, neveu du comte et cousin, par conséquent, de M. Lorédan et de mademoiselle Suzanne ; eh bien ! ce jeune homme, habitué à une grande existence et se trouvant tout à coup sans ressources, s'est, dit-on, brûlé la cervelle.

— C'est une sombre histoire que celle-là.

— Oui, mais qui, au lieu d'assombrir la famille, l'a fort égayée. Le jeune homme vivant, d'un moment à l'autre le testament pouvait se retrouver et le véritable héritier reparaître armé de ce testament. Mais l'héritier mort, il n'y avait point de chance que le testament reparût tout seul.

Voilà pour la richesse.

Quant à ses succès dans le monde, je présume que, par le mot sucès, vous entendez bonnes fortunes.

— N'est-ce point ainsi que cela s'appelle? dit madame de Marande en souriant.

— Eh bien! quant à ses succès, il paraît qu'ils sont limités aux femmes du grand monde, et que, quand ils s'adressent tout bonnement à ce que l'on appelle des filles du peuple, malgré l'assistance généreuse que prête en ces circonstances à son frère mademoiselle Suzanne de Valgeneuse, le jeune homme est quelquefois obligé d'employer la violence.

— Oh! monsieur, que me dites-vous là?

— Une chose que monseigneur Coletti vous dirait probablement mieux que moi ; car si M. de Valgeneuse est bien cour, c'est par l'Église.

— Et vous dites, monsieur, reprit madame de Marande, qui prenait un certain intérêt à ces accusations vraies ou fausses, vous dites que mademoiselle de Valgeneuse seconde son frère dans ses entreprises amoureuses ?

— Oh! cela c'est connu, et vraiment les personnes qui connaissent l'amitié passionnée que mademoiselle Suzanne a pour son frère, lui en savent gré. Mademoiselle Suzanne a cette différence avec son frère, qu'elle aime, elle, la vie de famille, et qu'elle met tous ses plaisirs, presque tous du moins, dans son intérieur.

— Oh! monsieur, et vous croyez à de pareilles calomnies?

— Moi, madame, je ne crois à rien, excepté au cours de la rente, et encore faut-il que je la voie imprimée au *Moniteur*. Mais ce à quoi je crois, par exemple, oh! c'est à la fatuité et à l'indiscrétion de M. de Valgeneuse. Il est comme le limaçon, sous ce rapport : il salit les réputations qu'il ne mange pas.

— Ah! vous n'aimez pas M. de Valgeneuse, monsieur? fit madame de Marande.

— Non, je l'avoue! L'aimeriez-vous par hasard, vous, madame?

— Moi! vous me demandez si j'aime M. Lorédan?

— Mon Dieu! je vous demande cela comme je vous demanderais autre chose. Seulement je me suis servi d'une mauvaise locution ; je sais bien que vous n'aimez personne dans le sens absolu du mot aimer. J'aurais dû dire : M. Lorédan vous plaît-il?

— Il m'est indifférent !

— Bien vrai, madame?

— Oh! je vous le proteste. Seulement, pas plus à lui qu'à un autre, je n'aimerais voir arriver un malheur qu'il n'aurait pas mérité.

— Eh! qui peut désirer de pareilles choses ? Aussi, je vous proteste, madame, qu'il n'arrivera, de mon côté du moins, de ma part, si vous l'aimez mieux, à M. de Valgeneuse, que des malheurs qu'il aura mérités.

— Mais quels malheurs peut donc mériter M. de Valgeneuse, et comment ces malheurs pourraient-ils lui venir de vous?

— Eh! bien simplement, madame. Ainsi, par exemple, cette nuit, M. de Valgeneuse vous a fait une cour très assidue.

— A moi!

— A vous, oui, madame. Il n'y avait pas d'inconvénient, c'était chez vous, et l'on pouvait considérer cette affectation de M. de Valgeneuse à se trouver sans cesse sur vos pas comme une marque de courtoisie... peut-être un peu exagérée, mais cependant excusable envers son hôtesse. Mais, vous comprenez bien? vous allez à d'autres soirées qu'aux vôtres; vous rencontrerez M. de Valgeneuse dans le monde. Eh bien! si pendant huit soirées seulement, il fait ailleurs ce qu'il a fait ici, vous êtes une femme compromise. Eh mon Dieu! je ne veux pas vous effrayer, madame, mais le jour où vous serez une femme compromise, M. de Valgeneuse sera un homme mort.

Madame de Marande jeta un cri.

— Oh! monsieur, dit-elle, un homme mort à cause de moi! tué pour moi! Ce serait un remords pour toute ma vie.

— Mais qui vous dit donc que ce serait pour vous ou à cause de vous que je tuerais M. Lorédan ?

— Vous-même, monsieur.

— Je ne dis pas un mot de cela. Si je tuais M. Lorédan pour vous ou à cause de vous, vous seriez bien autrement compromise après qu'avant sa mort ; non, je le tuerais à propos... de la loi sur la liberté de la presse ou de la dernière revue de la garde nationale, comme j'ai tué M. de Bedmar.

— M. de Bedmar ? s'écria Lydie, pâlissant comme si elle allait s'évanouir.

—Eh bien ! continua M. de Marande,

est-ce qu'on a jamais su que c'était pour vous et à cause de vous ?

— Vous avez tué M. de Bedmar ? répéta madame de Marande.

— Oui, ne le saviez-vous point ?

— Oh! mon Dieu!

— Je vous avoue, cependant, qu'un intant j'ai hésité. Vous savez ou vous ne savez pas, que j'avais des motifs de mépriser M. de Bedmar : dans une circonstance j'avais acquis la conviction que sa conduite n'avait pas été celle d'un honnête homme, on m'écrivit, — un de mes correspondants d'Italie, — que le 20 novembre 1824, M. de Bedmar serait à Livourne.

Je me rappelai que j'avais à Livourne une affaire importante. J'y arrivai le 19 novembre. M. de Bedmar y arriva à son tour. Alors, je ne sais comment cela se fit, nous eûmes, sur le port même de Livourne et au moment où il y débarquait, une discussion pour une cause bien futile, à propos d'un commissionnaire. La discussion s'envenima. Bref, je me trouvai insulté et lui demandai raison de cette insulte, tout en lui laissant le choix des armes, comme c'est mon habitude. Il eut le tort de choisir le pistolet, arme brutale, qui déchire, qui casse, qui tue. Séance tenante, nous prîmes rendez-vous aux cascines de Pise. Arrivés sur le terrain, nos témoins nous placèrent à vingt pas ; on jeta un louis en l'air pour savoir qui tirerait le premier, le sort lui échut. Il tira... un peu bas, la balle me traversa la cuisse.

— Vous traversa la cuisse ! s'écria madame de Marande.

— Oui, madame, sans attaquer l'os, heureusement.

— Mais je n'ai pas su que vous étiez blessé.

— A quoi bon vous tourmenter d'une blessure qui était guérie au bout de quinze jours ?

— Et tout blessé que vous étiez, monsieur...

— Je l'ajustai. Ce fut à ce moment,

comme je vous l'ai dit, que j'hésitai. C'était un fort beau garçon, dans le genre de M. de Valgeneuse ; je me disais : peut-être comme M. de Valgeneuse, est-il aimé d'une mère, d'une sœur ; j'hésitai. En appuyant d'une ligne à droite ou à gauche, je le manquais, et, comme j'étais blessé, le duel finissait là. Mais je me rappelai que M. de Bedmar avait indignement trompé une jeune fille ; que lui aussi avait tenu au bout de son pistolet le père de cette jeune fille, qui était venu lui demander raison de l'injure qu'il lui avait faite, et qu'il avait, le misérable! tué le père de cette jeune fille. Alors, je visai droit à la poitrine. La balle lui traversa le cœur, et il tomba sans pousser un soupir.

— Monsieur! s'écria madame de Marande,

Monsieur… vous dites que mon père…

— Avait été tué en duel par M. de Bedmar, madame; c'est la vérité. Vous voyez bien que j'ai eu raison de ne pas plus lui faire grâce qu'en pareille circonstance je ne ferais grâce à M. de Valgeneuse.

Et, saluant sa femme d'un visage aussi calme qu'il était entré, M. de Marande sortit, suivi par le regard effaré de madame de Marande.

— Oh! murmura Lydie, en retombant la tête sur son oreiller, que Dieu me pardonne, mais il y a des moments où je crois que cet homme m'aime… et que je l'aime!

VIII

Cour d'assises de la Seine.

Audience du 29 avril. — Affaire Sarranti.

Le lecteur, en apprenant de la bouche même de Salvator que celui-ci se rendait au Palais-de-Justice pour y assister aux derniers débats de l'affaire Sarranti, a dû comprendre qu'il ne fallait rien moins que la nécessité absolue où nous étions de suivre M. de Marande dans la chambre de sa femme, pour que nous ne le conduisissions pas à l'instant même dans cette grande et terrible salle du Palais-de-Justice où le crime vient chercher son châtiment, et, malheureusement, parfois aussi, par une fatale erreur, l'innocence sa condamnation.

Trois statues devraient être placées aux trois angles de cette grande salle, dans l'attente d'une quatrième, qui alors resterait peut-être éternellement absente :

Celles de Calas, de La Barre et de Lesurques !

Vers les onze heures du soir, au moment où le roi Charles X tenait son conseil, à l'instant où des centaines d'équipages faisaient résonner le pavé de la rue d'Artois, devant l'hôtel de Marande, les abords du Palais-de-Justice présentaient un spectacle bien autrement curieux que celui du boulevard des Italiens.

En effet, depuis le Châtelet, en allant du nord au sud jusqu'à la place du pont Saint-Michel, le pont au Change, la rue de la Barillerie, le pont Saint-Michel, et toutes les rues avoisinantes ; et en allant de l'ouest à l'est, depuis la place Dauphine jusqu'au pont de la Cité, les quais de l'Horloge, Desaix, de la Cité, de l'Archevêché, des Orfèvres, étaient couverts d'une foule si compacte, si pressée, si houleuse et si murmurante, qu'on eût cru que la vieille île du palais, devenue flottante, oscillait au milieu de la Seine, faisant un suprême effort pour résister à l'ouragan qui la poussait vers la mer !

Ce qui contribuait à donner à cette foule une grande ressemblance avec un océan orageux, c'était le mugissement sourd et profond, lugubre et monotone dont elle faisait retentir toutes les rues d'alentour, et qui montait comme une marée furibonde jusqu'aux voûtes du vieux palais de saint Louis.

C'était, ce soir-là, ou plutôt cette nuit-là, car la soirée était déjà assez avancée, que devaient se clore les débats de cette affaire qui préoccupait avec tant de raison, à un si haut degré, l'attention publique, depuis le jour où le *Moniteur* avait publié l'acte d'accusation.

Les lecteurs ne s'étonneront donc pas qu'un procès destiné à faire époque dans les fastes de la justice criminelle ait attiré autour du palais un si grand concours de populaire, et dans la salle d'audience une foule beaucoup plus considérable que la salle ne pouvait la contenir. Pour éviter la confusion, le trouble, et qui sait, les désordres qui auraient pu être causés par une telle affluence, M. le président avait jugé nécessaire de faire distribuer à l'avance des cartes d'entrée aux personnes, ou du moins à une partie des personnes qui en avaient sollicité. Les avocats eux-mêmes en avaient reçu un certain nombre pour chacun des jours d'audience.

Il avait été impossible de satisfaire aux sollicitations innombrables des uns et des autres ; plus de dix mille demandes de billets avaient été adressées à M. le président depuis le jour qu'avait été publié l'acte d'accusation.

La diplomatie, les deux législatures, la noblesse, la robe, l'armée et la finance avaient sollicité cette faveur. Peu de ces requêtes avaient été exaucées.

Il en résultait que toutes les places étaient à ce point occupées, qu'on eût dit des spectateurs soudés les uns aux autres et ne faisant plus qu'un seul corps ; aussi entendait-on, de temps en temps, à la porte et dans les couloirs où on s'écrasait, la voix d'un malheureux qu'on étouffait. Non-seulement la queue des spectateurs se prolongeait jusqu'au bout de la galerie et obstruait les nombreux escaliers qui aboutissent aux diverses portes d'entrée, mais, comme nous l'avons dit, cette immense file de spectateurs non privilégiés, avait, comme un serpent gigantesque, sa queue à la place du pont Saint-Michel et sa tête à la place du Châtelet.

Plusieurs banquettes avaient été spécialement réservées pour le barreau, mais elles avaient été bientôt envahies par un grand nombre de dames qui n'avaient pu trouver place sur les bancs qui leur étaient destinés dans l'enceinte intérieure, vis-à-vis du banc des avocats.

Les débats n'étaient ouverts que depuis

deux jours, et bien que jusqu'ici on n'eût aucune preuve du crime dont M. Sarranti était accusé, on disait au Palais et on répétait dans la foule que le verdict devait être rendu dans la journée.

On s'attendait à chaque instant à l'entendre prononcer : nous parlons, du moins, de ceux qui n'assistaient que de loin à la séance, et, bien qu'il fût onze heures, bien qu'il circulât dans la foule un bruit, réel ou faux, que l'on venait d'envoyer l'ordre formel que le crime fût jugé et l'arrêt rendu séance tenante, aucune nouvelle n'arrivait au dehors, et les plus patients commençaient à pousser des cris énergiques, que n'arrêtaient pas entièrement les gendarmes éparpillés çà et là dans la foule.

Pour ceux qui assistaient aux débats, l'intérêt, au contraire, allait en croissant, et treize heures d'audience dans un même jour (la séance avait commencé à dix heures du matin) treize heures d'audience n'avaient pas diminué l'attention des uns ni ralenti la curiosité des autres.

Du reste, outre l'intérêt qu'excitait l'accusé dans le cœur de chacun, ces débats déjà si palpitants avaient été rendus plus intéressants encore par le talent remarquable avec lequel ils avaient été présidés, et en même temps par l'énergie et le bon goût de l'avocat qui défendait M. Sarranti.

Quant au talent du président, il était incomparable. Il était impossible d'apporter, dans des fonctions si graves et si pénibles, un esprit d'analyse plus net et plus précis, une élocution plus élégante et plus facile, un sentiment plus élevé des convenances et une plus scrupuleuse impartialité.

Car, disons-le en passant, puisque nous en trouvons l'occasion, nous qui nous piquons en toute chose de cette scrupuleuse impartialité dont nous louons M. le président, disons que le talent du président, son habileté et son équité, exercent sur la marche des débats, et même sur l'attitude du public, une influence extraordinaire; on ne saurait croire combien elle leur inspire de grandeur et de dignité, et donne aux séances de nos Cours de justice ce caractère imposant qui leur est propre.

La solennité de ce soir-là avait précisément à la fois le caractère imposant dont nous parlons, et un caractère sombre, lugubrement fantastique, qu'on comprendra suffisamment, quand, en quelques mots, nous aurons fait la mise en scène de cette séance.

Tout le monde, ou à peu près, connaît la salle d'audience de la Cour d'assises. C'est un immense rectangle, plus long que large, sombre, profond et haut comme une église.

Nous disons sombre, bien qu'elle reçoive le jour par cinq immenses fenêtres et deux portes vitrées, placées d'un seul côté de la salle, sur la face gauche en entrant; mais soit que la face droite, à travers laquelle ne pénètre aucune lumière, excepté quand s'entr'ouvre la petite porte, par laquelle entre et sort l'accusé, soit, disons-nous, que ce mur sombre, qu'essayent en vain d'égayer des panneaux de papier bleu, jette à la muraille qui le regarde son obscurité, bien plus que celle-ci ne lui envoie sa lumière, ou soit que le temple de la justice conserve comme un reflet de la boue immonde dont le crime a souillé son pavé, on est pris tout à coup, en entrant dans la salle de la Cour d'assises, d'une tristesse noire, d'un frisson de dégoût, d'une impression analogue à celle qu'on éprouverait si, en entrant dans un bois, on mettait le pied sur un nid de couleuvres.

Mais ce soir-là, au lieu de la teinte sombre qu'elle revêt communément, la Cour d'assises éclatait de lumières encore plus tristes peut-être que son obscurité.

Qu'on imagine, en effet, toute cette foule éclairée étrangement par les lueurs vacillantes de cent bougies, par le reflet des lampes, qui, recouvertes d abat-jours, donnaient aux visages des jurés je ne sais quel air étrange, quelles lugubres pâleurs, particulières aux inquisiteurs peints par les peintres espagnols.

En entrant dans la salle, cette demi-obscurité lumineuse, ou, disons mieux, cette demi-clarté sombre, vous reportait malgré vous aux séances mystérieuses du conseil des dix ou de l'inquisition. Toutes les géhennes ou les tortures du moyen-âge revenaient à l'esprit, et on cherchait dans le coin le plus ombreux de la salle le masque livide du tourmenteur.

Au moment où nous allons pénétrer,

M. l'avocat du roi allait commencer son réquisitoire.

Il était debout.

C'était un homme haut de taille, pâle de visage, osseux et sec, comme un vieux parchemin, un cadavre vivant, n'ayant plus de la vie que la voix et le regard, car de geste, de mouvement, il n'en était pas question. Encore cette voix était-elle faible comme un souffle, encore ce regard était-il vague, distrait, sans expression arrêtée. Cet homme, pour tout dire, semblait l'incarnation de la procédure criminelle. C'était un réquisitoire en chair et en os : en os surtout.

Mais avant de faire entendre les personnages principaux de ce drame, disons quelle place ils occupaient dans la salle d'audience.

Au fond en entrant, au centre du bureau circulaire, est le président de la Cour.

A la gauche de celui qui entre, ou à la droite du président, au-dessous de deux de ces hautes fenêtres vitrées, sont les quatorze jurés. Nous disons quatorze au lieu de douze, car le substitut du procureur du roi, attendu la longueur présumée des débats, a requis l'adjonction de deux jurés supplémentaires et d'un magistrat assesseur.

Dans l'enceinte circulaire qui borde le bureau de la Cour, est l'honnête M. Gérard, la partie civile.

C'était bien le même homme, à peu près chauve, aux yeux gris, petits, enfoncés, ternes, aux sourcils épais et grisonnants, du milieu desquels s'élançaient, comme des soies de sanglier, droites et raides, de longs poils qui, se joignant dans la ligne d'un nez recourbé comme un bec de vautour, formaient, au-dessus de l'œil, une arcade d'une courbe exagérée et hors de toute proportion ; c'était, enfin, cette physionomie lâche et basse, qui avait fait une si singulière impression sur l'abbé Dominique, à son entrée dans la chambre à coucher du mourant.

La figure d'un homme qui demande à la justice de le venger d'un asssassin est d'ordinaire, quelle que soit sa laideur coutumière, touchante, intéressante au plus haut point; tandis que la figure de l'accusé excite le mépris et le dégoût.

Mais ici, c'était le contraire, et, en le regardant, si on eût consulté le public qui composait cette assemblée — à l'unanimité — en voyant, à droite, le beau et honnête visage de M. Sarranti, la loyale, sereine et belle figure de l'abbé Dominique — à l'unanimité, on eût dit que les rôles étaient intervertis, que l'assassin était la victime, et que celui qui passait pour la victime était l'assassin. Sans autre raison, sans autre preuve que l'inspection rapide des deux hommes, il était impossible de s'y tromper.

Maintenant, quand nous aurons dit que M. Sarranti, escorté de deux gendarmes, causait de temps en temps, appuyé sur la barre, avec son fils et son avocat, nous aurons fait connaître, dans tous ses détails, la mise en scène de cette triste solennité.

IX

Cour d'assises de la Seine.

Audience du 29 avril. — Affaire Sarranti.

(SUITE).

Nous avons dit que les débats étaient ouverts depuis deux jours. La séance à laquelle nous introduisons le lecteur. était donc la troisième et probablement la dernière séance.

Après les actes préliminaires, on avait lu l'acte d'accusation, que nous ne rapporterons pas, mais que les personnes curieuses de ces sortes de pièces pourront retrouver dans les journaux du temps.

De cet acte il résultait que M. Gaëtano Sarranti, ancien militaire, né à Ajaccio, en Corse, âgé de quarante-huit ans, officier de la Légion-d'Honneur, était accusé d'avoir, dans la soirée du 20 août 1820, volé avec effraction une somme de trois cent mille francs dans le secrétaire de M. Gérard, assassiné une femme au service de M. Gérard, et enlevé ou tué les deux neveux de M. Gérard, sans qu'on ait jamais pu retrouver trace de leur personne ou de leurs cadavres.

Crimes prévus par les articles 293, 296, 302, 304, 345 et 354 du Code pénal.

Après la lecture de l'acte d'accusation, on avait, dans la forme ordinaire, interrogé l'accusé qui avait répondu NON à toutes les questions qu'on lui avait faites, sans donner d'autres marques d'émotion que la douleur qu'il avait paru éprouver en apprenant la mort ou la disparition des deux enfants.

L'avocat de M. Gérard avait cru embarrasser énormément M. Sarranti en lui demandant pourquoi il avait si brusquement quitté la maison où il avait été si affectueusement accueilli. Mais M. Sarranti avait simplement répondu que la conspiration dont il était un des chefs principaux ayant été dénoncée à la police, il avait été, d'après les instructions de l'empereur, rejoindre M. le Bastard de Prémont, général français au service de Rundjet-Sing.

Puis il avait raconté comment, poursuivant son projet, il était, accompagnant le général, rentré en Europe, et venait d'essayer, de complicité avec lui, d'enlever le roi de Rome du palais de Schœnbrunn, tentative qui avait, ainsi qu'il l'avait appris depuis son arrestation, échoué, à son grand regret, avouait-il.

Ainsi, tout en repoussant l'accusation de vol et d'assassinat, il sollicitait celle de criminel de lèse-majesté et ne récusait l'échafaud civil que pour réclamer à grands cris l'échafaud politique.

Mais ce n'était point là l'affaire de ceux qui le voulaient condamner. Ce que l'on désirait trouver dans M. Sarranti, c'était l'ignoble voleur, l'immonde assassin, qui veut s'approprier la fortune ensanglantée de deux malheureux enfants, et non le conspirateur politique qui, au risque de sa vie, veut substituer une dynastie à une autre, et changer, à main armée, la forme d'un gouvernement.

Le président avait été forcé d'arrêter M. Sarranti au milieu des explications données par lui.

Ces explications faisaient passer dans tout l'auditoire un frisson sympathique qui le gagnait, lui, magistrat, comme les autres et malgré lui-même.

Puis était venue la déposition de M. Gérard.

Nos lecteurs se souviennent de sa première déposition faite devant le maire de Viry, le lendemain du crime. La seconde était identiquement la même. Il est donc inutile que nous la rapportions ici, puisque le lecteur la connaît déjà.

La fin de la première séance avait été remplie par la déposition des témoins. Cette déposition, toute à la charge de Sarranti, était un long panégyrique de M. Gérard, près duquel, s'il fallait écouter les témoins, saint Vincent de Paule n'était qu'un misérable égoïste.

Ces témoins n'étaient autres que le maire

de Viry. Le lecteur connaît déjà le bonhomme. Dupe du trouble dans lequel était M. Gérard au moment où celui-ci lui annonça la catastrophe, il avait pris la stupeur du criminel pour la terreur de la victime.

On avait entendu aussi le témoignage de quatre ou cinq paysans, fermiers et propriétaires de Viry, qui, n'ayant eu avec M. Gérard que des rapports de fermage, à l'occasion d'achats ou de ventes de terres, déclaraient que, dans toutes ces transactions, M. Gérard s'était montré d'une exactitude rigoureuse et d'une rigide probité.

On entendit encore vingt ou vingt-cinq témoins de Vanves et du Bas-Meudon, c'est-à-dire tous ceux qui avaient reçu de M. Gérard, depuis qu'il habitait parmi eux, de nombreuses marques de sa bienfaisance et de sa générosité.

Ceux de nos lecteurs qui se souviennent du chapitre intitulé *un Philanthrope de village*, comprendront quel effet dut produire sur le jury le récit des bonnes actions de l'honnête M. Gérard, et notamment le récit de la dernière, c'est-à-dire de celle qui avait failli lui coûter la vie.

M. Sarranti, interrogé lui-même sur M. Gérard, répondit, avec sa bonne foi toute militaire, qu'il le croyait un parfait honnête homme, et qu'il fallait qu'il fût trompé par de graves apparences pour qu'il portât contre lui, M. Sarranti, une si cruelle accusation.

Ce à quoi le président lui avait demandé :

— Mais enfin que dites-vous pour votre justification, et comment expliquez-vous le vol des cent mille écus, la mort de madame Gérard et la disparition des enfants ?

— Les cent mille écus étaient à moi, avait répondu M. Sarranti, ou plutôt étaient un dépôt que m'avait confié l'empereur Napoléon. Ils m'ont été rendus de la main même de M. Gérard. Quant à l'assassinat de madame Gérard, et à la disparition des enfants, je n'en puis rien dire, madame Gérard étant en parfaite santé et les enfants jouant sur la pelouse au moment où j'ai quitté le château, c'est-à-dire à trois heures de l'après-midi.

Tout cela était si peu probable, que le président avait regardé les jurés, lesquels avaient secoué la tête de l'air le plus significatif.

Quant à Dominique, son aspect, pendant tout le cours des débats, était celui d'un homme pris d'une fièvre allant jusqu'au délire. Il se levait, il se rasseyait, tirait son père par le pan de sa redingote, ouvrait la bouche comme s'il voulait parler, puis tout à coup laissait échapper un gémissement, tirait son mouchoir de sa poche, essuyait son front couvert de sueur, laissait tomber sa tête dans ses deux mains, et pendant des heures demeurait comme anéanti.

Quelque chose de pareil, au reste, se passait du côté de M. Gérard.

Car, préoccupation inexplicable pour les assistants, c'était bien plus Dominique que Sarranti lui-même que M. Gérard suivait des yeux.

Quand Dominique se levait, il se levait lui-même comme poussé par un ressort.

Quand Dominique ouvrait la bouche pour parler, la sueur coulait sur son front, et il semblait prêt à s'évanouir.

Ces deux pâleurs luttaient ensemble. C'était à celle qui arriverait jusqu'à la lividité.

Au milieu de ces scènes mystérieuses dont les deux acteurs avaient seuls le secret, un incident inattendu vint jeter son cri rauque et discordant dans le concert de louanges qui s'élevait autour de M. Gérard.

Un vieillard de quatre-vingts ans, pâle, décharné, maigre comme Lazare ressuscité, répondant à l'appel qui lui était fait, s'avança d'un pas lent, mais égal, ferme et sonore comme celui de la statue du commandeur.

C'était ce vieux jardinier de Viry, père et grand-père de tout un monde d'enfants, et qui cultivait les jardins du château depuis trente ou quarante ans, quand l'événement était arrivé : c'était ce fidèle serviteur dont on se rappelle qu'Orsola avait demandé le renvoi pour s'assurer de sa puissance de domination sur M. Gérard.

— Je ne sais qui a commis l'assassinat,

dit-il, mais je sais que la femme assassinée était une méchante femme; elle s'était emparé de l'esprit de cet homme, qui n'était pas son mari, et dont elle voulait devenir la femme (et il montrait M. Gérard). Elle l'avait fasciné et elle exerçait sur lui un pouvoir qui n'avait pas de bornes. Ma conviction est qu'elle haïssait les enfants et qu'elle pouvait faire de cet homme tout ce qu'elle voulait.

— Avez-vous quelque fait à raconter? demanda le président.

— Non, répondit le vieillard; seulement, tout à l'heure j'ai entendu parler du caractère de M. Gérard, et je crois de mon devoir, moi qui, depuis quatre-vingts ans, ai vu tant d'hommes, de dire ce que je pense de celui-là. La servante voulait devenir maîtresse, peut-être les enfants la gênaient-ils pour cela. Je la gênais bien, moi !

Pendant que le vieillard parlait, Dominique semblait triompher, tandis qu'au contraire M. Gérard était pâle comme un mort. Ses mâchoires tremblantes faisaient claquer ses dents les unes contre les autres.

Cette déclaration produisit une profonde émotion dans tout l'auditoire.

Le président fut obligé de faire faire silence, et en renvoyant le vieillard, il dit :

— Allez, mon ami, messieurs les jurés tiendront compte de votre déposition.

L'avocat de M. Gérard objecta alors qu'on avait voulu renvoyer le jardinier, dont les services, à cause de son grand âge, étaient devenus à peu près inutiles, et qu'en ce moment c'était Orsola, que cet homme avait l'ingratitude d'attaquer, qui avait sollicité sa grâce.

Lui, qui regagnait son banc, appuyé d'une main sur son bâton, de l'autre au bras d'un de ses fils, lui s'arrêta court comme si, marchant dans les grandes herbes du parc, une vipère l'eût mordu au talon.

Puis il revint sur ses pas, et d'une voix ferme :

— Ce que monsieur vient de dire, reprit-il, est, moins l'ingratitude dont il m'accuse, la pure vérité. Orsola avait d'abord demandé mon renvoi, et M. Gérard le lui avait accordé ; puis elle lui a demandé ma grâce, et M. Gérard la lui a accordée encore. La servante voulait essayer son pouvoir sur le maître, peut-être pour s'assurer ce qu'elle en pourrait faire dans une circonstance plus importante. Demandez à M. Gérard si c'est vrai.

— Ce que dit cet homme est-il vrai, monsieur? demanda le président s'adressant à M. Gérard.

Gérard allait répondre que c'était faux, mais, ayant levé la tête, il rencontra les deux yeux du jardinier qui cherchaient les siens.

Ébloui par eux comme par les éclairs de sa conscience, il n'eut pas le courage de nier.

— C'est vrai! balbutia-t-il.

Excepté cet incident, tous les témoignages, ainsi que nous l'avons dit, furent en faveur de M. Gérard.

Quant aux témoignages en faveur de M. Sarranti, l'accusé n'en avait pas sollicité un seul. Il se croyait accusé de conspiration bonapartiste, et comptant en assumer sur lui toute la responsabilité, il n'avait pas cru avoir besoin de témoins à décharge.

Puis l'accusation avait tourné comme sur un pivot, et M. Sarranti s'était trouvé en face d'un vol, d'un double rapt et d'un assassinat. L'accusation alors lui avait paru tellement insensée, qu'il s'en était remis à l'instruction elle-même de faire reconnaître son innocence.

Ce n'était que trop tard qu'il s'était aperçu du piége dans lequel il était tombé, et sur ce fait de vol, de rapt et d'assassinat, il lui avait répugné à appeler aucun témoignage.

A son avis, sa dénégation devait suffire.

Mais peu à peu, par cette brèche qu'il avait laissée ouverte, était entré le soupçon, puis la probabilité, puis, sinon dans l'esprit du public, mais dans celui des jurés, une presque certitude.

M. Sarranti était comme un homme emporté par une course trop rapide vers un abîme inconnu. Il voyait l'abîme, il le mesurait, mais il était trop tard. Aucun appui ne se présentait auquel il pût se retenir.

Il ne pouvait manquer d'être précipité.

L'abîme était profond, effroyable, hideux.

Il devait y perdre, non-seulement la vie, mais l'honneur.

Et cependant Dominique lui disait incessamment tout bas :

— Ayez courage, mon père, je sais, moi, que vous êtes innocent!

X

Cour d'assises de la Seine

Audience du 29 avril. — Affaire Sarranti.

(SUITE).

On en était arrivé à ce point des débats où, l'affaire étant suffisamment éclairée par l'audition des témoins, la discussion légale appartient aux avocats.

L'avocat de la partie civile prit la parole.

Je ne sais si lorsque la législation décida que les parties, au lieu de plaider elles-mêmes, plaideraient par l'organe d'un tiers, elle vit, comprit, devina, à côté des avantages qu'elle trouvait à l'accusation ou à la défense par procuration, je ne sais si elle vit, comprit, devina à quels degrés de mauvaise foi, d'impudence et de subtilité, elle allait contraindre l'homme à descendre.

Aussi y a-t-il au palais les avocats des causes..

Ces hommes savent parfaitement que la cause qu'ils défendent est mauvaise ; mais, regardez-les, écoutez-les, étudiez-les; à leur voix, à leurs gestes, à leur accent, ne les diriez-vous pas convaincus?

Or, quel est le but de cette fausse conviction qu'ils affectent? j'écarte complétement la question d'argent, de rémunération, de salaire ; quel est le but de cette fausse conviction qu'ils affectent et qu'ils veulent faire partager aux autres ?

N'est-ce pas de sauver un coupable et de faire condamner un innocent?

La loi, au lieu de protéger cet étrange détournement de la conscience humaine, ne devrait-elle pas le punir?

Peut-être me dira-t-on qu'il en est de l'avocat comme du médecin.

Le médecin est appelé pour soigner un assassin qui, dans l'exercice de ses fonctions, a reçu un coup de couteau ou une balle de pistolet, pour rappeler à la vie un condamné qui, après sa condamnation, à la suite d'un crime bien avéré, a tenté de se suicider.

Le médecin arrive et trouve le blessé presque à l'état de cadavre.

Il n'y a qu'à laisser faire la blessure ; elle conduira tout doucement et d'elle-même l'homme à la mort.

Le médecin croit avoir reçu une mission complétement opposée.

Le médecin est le champion de la vie, l'adversaire de la mort.

Partout où il trouve la vie, il la soutient.

Partout où il trouve la mort, il la combat.

Il arrive au moment où la vie de l'assassin ou du moins du condamné expire, où la mort étend la main pour s'emparer du condamné ou de l'assassin.

Quel que soit le mourant, le médecin est son second; il jette le gant de la science à la mort et lui dit :

— A nous deux !

A partir de ce moment, la lutte entre le médecin et la mort commence; pas à pas la mort recule devant le médecin; elle finit par sortir du cirque; le médecin reste maître du champ de bataille : le condamné qui a voulu se suicider, l'assassin qui a reçu une blessure, sont sauvés.

Oui, mais sauvés pour les remettre aux mains de la justice humaine, qui alors opère sur eux son œuvre de destruction, comme le médecin a opéré son œuvre de salut.

Il en est ainsi, dira-t-on, de l'avocat :

On lui donne un coupable, c'est-à-dire un homme gravement blessé; il en fait un innocent, c'est-à-dire un homme qui se porte bien.

Celui qui me fait cette réponse n'oublie qu'une chose.

C'est que le médecin ne prend à personne la vie qu'il rend au malade.

Tandis que l'avocat prend parfois à l'innocent la vie qu'il rend au coupable.

Il en était ainsi dans la circonstance terrible où, en face l'un de l'autre, étaient placés M. Gérard et M. Sarranti.

Peut-être l'avocat de M. Gérard croyait-il à l'innocence de M. Gérard.

Mais, à coup sûr, il ne croyait pas à la culpabilité de M. Sarranti.

Cela n'empêcha point cet homme de faire croire aux autres ce que lui-même ne croyait pas.

Il avait ramassé dans un exorde emphatique, tous les lieux-communs oratoires, toutes les phrases banales qui traînaient dans les journaux du temps contre les bonapartistes.

Il avait fait un parallèle entre le roi Charles X et l'usurpateur; enfin il avait servi aux jurés tous ces hors-d'œuvre qui devaient aiguiser leur appétit à l'endroit de la pièce principale.

La pièce principale, c'était M. Sarranti.

C'est-à-dire un de ces scélérats dont la création a horreur, un de ces monstres que la société repousse, un de ces criminels capables des plus noirs attentats et dont la mort est réclamée comme un exemple par leurs contemporains, indignés de respirer le même air que lui.

Il avait donc, sans prononcer le mot terrible, conclu à *la peine de mort*.

Mais en même temps, il faut le dire, il avait repris sa place au milieu d'un silence glacial.

Ce silence de l'auditoire, réprobation évidente de la masse, dut laisser dans le cœur de l'avocat de l'honnête M. Gérard un douloureux sentiment de rage et de honte. Nul front ne lui sourit, nulle bouche ne le félicita, nulle main ne s'étendit vers sa main, et, le plaidoyer achevé, le vide s'était fait autour de lui.

Il essuya son front baigné de sueur, et attendit anxieusement le plaidoyer de son adversaire.

Celui qui plaidait pour M. Sarranti était un jeune avocat, appartenant au parti républicain; il avait, depuis un an à peine, débuté dans la carrière du barreau, et son début avait brillé du plus vif éclat.

C'était le fils d'un de nos savants les plus illustres; il se nommait Emmanuel Richard.

M. Sarranti avait été lié avec son père : le jeune homme, au nom de son père, était venu s'offrir; M. Sarranti avait accepté.

Le jeune homme se leva, déposa sa toque sur le banc, rejeta en arrière ses grands cheveux noirs, et, pâle d'émotion, commença.

Un profond silence s'était établi dans l'auditoire du moment où l'on s'était aperçu qu'il allait commencer de parler.

— Messieurs, dit-il en regardant les jurés en face, ne soyez point étonnés que mon premier mot soit un cri d'indignation et de douleur. Depuis le moment où j'ai vu poindre la monstrueuse accusation qui n'aboutira, je l'espère, qu'à un avortement, et à laquelle, en tous cas, M. Sarranti me défend de répondre, je me contiens à grand'peine, et mon cœur blessé saigne et gémit profondément en dedans de moi-même.

» J'assiste en effet à une chose terrible.

» Un homme honorable et honoré, un vieux soldat dont le sang a coulé sur tous nos grands champs de bataille pour celui qui était à la fois son compatriote, son maître et son ami ; un homme dont jamais une pensée mauvaise n'a souillé le cœur, dont jamais une action honteuse n'a taché la main, cet homme est venu ici le front haut pour répondre à une de ces accusations qui parfois sont une gloire pour ceux qui les subissent ; cet homme qui vient vous dire : J'ai joué ma tête à ce grand jeu des conspirations qui renversent les trônes, changent les dynasties, bouleversent les empires, j'ai perdu : prenez-la ; cet homme s'entend dire : Taisez-vous ! vous n'êtes point un conspirateur, vous êtes un voleur, vous êtes un ravisseur, vous êtes un assassin !

» Ah! messieurs, il faut être bien fort, vous en conviendrez, pour rester la tête haute devant cette triple accusation. En effet, nous sommes forts! car à cette triple accusation nous répondrons purement et simplement ceci : Si nous étions ce que vous dites, l'homme aux yeux d'aigle et aux regards de flamme, qui savait si bien lire dans les cœurs, ne nous aurait pas serré la main, ne nous aurait pas appelé son ami, ne nous aurait pas dit : Va! »

— Pardon, maître Emmanuel Richard, dit le président, mais de quel homme palez-vous donc ainsi?

— Je parle de Sa Majesté Napoléon Ier, sacré en 1804 à Paris, empereur des Français, couronné en 1805 à Milan, roi d'Italie, et mort prisonnier à Sainte-Hélène le 5 mai 1821, répondit à haute et intelligible voix le jeune avocat.

Il est impossible de dire quel frisson étrange courut dans l'assemblée.

A cette époque, on appelait Napoléon l'usurpateur, le tyran, l'ogre de Corse, et depuis treize ans, c'est-à-dire depuis le le jour de sa chute, personne, à coup sûr, n'avait prononcé tout haut, en face de son meilleur et de son plus intime ami, ce qu'Emmanuel Richard venait de prononcer en face de la cour, des jurés et de l'auditoire.

Les gendarmes, qui étaient assis à la droite et à la gauche de M. Sarranti, se levèrent et interrogèrent des yeux et du geste le président, pour savoir ce qu'il y avait à faire et s'ils ne devaient pas, séance tenante, mettre la main sur l'audacieux avocat.

L'excès de son audace même le sauva; le tribunal resta atterré. M. Sarranti serra la main du jeune homme.

— Assez, lui dit-il, assez; au nom de votre père ne vous compromettez pas.

— Au nom de votre père et du mien, continuez! s'écria Dominique.

« Vous avez peut-être vu, messieurs, continua Emmanuel, des procès dans lesquels les accusés venaient démentir les témoins, dénier des preuves évidentes, chicaner leur vie au procureur du roi ; vous avez vu cela quelquefois, souvent, presque toujours... Eh bien ! nous, messieurs, nous vous réservons un spectacle plus curieux :

» Nous venons vous dire :

» Oui, nous sommes coupable, en voilà les preuves; oui, nous avons conspiré contre la sûreté intérieure de l'État, et en voilà les preuves; oui, nous avons voulu changer la forme du gouvernement, et en voilà les preuves ; oui, nous avons tramé un complot contre le roi et sa famille, et en voilà les preuves ; oui, nous sommes criminel du crime de lèse-majesté, et en voilà la preuve ; oui, oui, nous avons mérité la peine des parricides, et en voilà la preuve ; |oui, nous demandons à marcher à l'échafaud les pieds nus et le voile noir sur la tête, comme c'est notre droit, comme c'est notre désir, comme c'est notre vœu. »

Un cri de terreur s'échappa de toutes les bouches.

— Taisez-vous! taisez-vous! cria-t-on de tous côtés au jeune fanatique, vous le perdez!

— Parlez! parlez! s'écria Sarranti, c'est comme cela que je veux être défendu.

Des applaudissements éclatèrent sur tous les points de l'auditoire!

— Faites évacuer la salle! s'écria le président.

Puis, se tournant vers l'avocat :

— Maître Emmanuel Richard, dit-il, je vous ôte la parole.

— Peu m'importe, à cette heure, répondit l'avocat, j'ai rempli le mandat qui m'avait été confié, j'ai dit tout ce que j'avais à dire.

Puis, se retournant vers M. Sarranti :

— Êtes-vous content, monsieur, et sont-ce bien vos propres paroles que j'ai répétées ?

Pour toute réponse, M. Sarranti se jeta dans les bras de son défenseur.

Les gendarmes se mirent en mesure d'exécuter l'ordre du président.

Mais un tel rugissement courut à l'instant même dans la multitude, que le président comprit qu'il entreprenait non-seulement une œuvre difficile, mais dangereuse. Une émeute pouvait éclater, et pendant le tumulte, M. Sarranti pouvait être enlevé.

Un des juges se pencha et prononça tout bas quelques mots à l'oreille du président.

— Gendarmes, dit celui-ci, reprenez vos places: La Cour en appelle à la dignité de l'auditoire.

— Silence ! dit une voix au milieu de la foule.

Et, comme si la foule était habituée à obéir à cette voix, elle se tut.

XI

Cour d'assises de la Seine.

Audience du 29 avril. — Affaire Sarranti.

(SUITE).

Dès-lors, la question était nettement posée.

D'un côté, la conspiration réfugiée dans sa foi impériale, dans la religion de son serment, se faisait, non pas un bouclier, mais une palme de son crime lui-même.

De l'autre, le ministère public, décidé à ne pas poursuivre dans M. Sarranti le criminel de haute trahison, le coupable de lèse-majesté, mais le voleur de cent mille écus, le ravisseur des enfants, l'assassin d'Orsola.

Se défendre de ces accusations, c'était les admettre; les repousser pas à pas, une à une, c'était admettre leur existence.

Emmanuel Richard, par ordre de M. Sarranti, n'avait donc pas même fait face un seul instant à la triple accusation que poursuivait le ministère public; il laissait le public juge de cette singulière position d'un accusé avouant un crime qu'on ne voulait pas lui faire avouer, et qui entraînait non pas un allégement, mais une aggravation de peine pour celui dont il était accusé.

Aussi, dans le public, le jugement était-il prononcé.

Dans toute autre circonstance, après le plaidoyer de l'avocat de l'accusé, sans doute la séance eût été suspendue, afin de donner un instant de repos aux juges et aux jurés ; mais après ce qui venait de se passer dans l'auditoire, toute halte sur la pente que l'on descendait était dangereuse, et le ministère public pensa que mieux valait en finir, dût-on finir au milieu d'une tempête.

M. l'avocat du roi se leva donc, et au

milieu de ce profond silence qui s'étend sur la mer entre deux bourrasques, il prit la parole.

Dès les premiers mots, tout l'auditoire comprit que l'on était retombé des hauteurs poétiques et fulgurantes d'un Sinaï politique, dans les bas-fonds de la chicane criminelle.

Comme si la terrible sortie de l'avocat de M. Sarranti n'avait pas eu lieu ; comme si ce Titan à moitié foudroyé ne venait pas de faire chanceler sur son trône le Jupiter des Tuileries ; comme si le regard n'était pas encore ébloui de ces éclairs que l'aigle impérial, en passant au plus haut de l'éther, venait de faire flamboyer sur la foule, M. l'avocat du roi s'exprima ainsi :

« — Messieurs, depuis quelques mois, plusieurs crimes ont fixé l'attention publique, en même temps qu'ils excitaient l'active sollicitude et la surveillance des magistrats. Prenant leur source dans l'agglomération d'une population toujours croissante, peut-être aussi dans la suspension de quelques travaux, ou dans la cherté des subsistances, ces crimes n'étaient certainement pas plus nombreux que ceux dont nous avons à gémir d'ordinaire, et qui sont le tribut crétois que la société paie chaque année aux vices et à l'oisiveté, qui veulent, comme le Minotaure antique, un certain nombre de victimes. »

Il était évident que le procureur du roi tenait dans son estime cette période à effet, car il fit une pause et jeta un regard circulaire sur cette mer, d'autant plus agitée dans ses abîmes peut-être qu'elle était muette à sa surface.

Le public resta impassible.

« — Cependant, messieurs, continua le procureur du roi, l'audace de plusieurs coupables s'était ouvert une nouvelle carrière dans laquelle on était moins habitué à la rencontrer et à la poursuivre, et elle inquiétait davantage par la nouveauté et la hardiesse de ses attentats.

» Mais je le dis avec joie, messieurs, le mal dont nous avons à gémir n'est pas si grand qu'on veut le croire, on s'est plu seulement à l'exagérer ; mille bruits mensongers ont été répandus à dessein ; la malveillance les créait elle-même : à peine créés par elle, on les accueillait avidement, et chaque jour le récit des prétendus crimes de la nuit portait l'effroi dans les âmes simples, la stupeur dans les esprits crédules. »

L'auditoire se regardait, ignorant où le procureur du roi voulait en venir. Seuls, les habitués des cours d'assises, ceux qui viennent chercher là ce qui leur manque l'hiver, c'est-à-dire une atmosphère attiédie et un spectacle qui cesse pour eux d'être nouveau et émouvant à cause de l'habitude, mais qui, à cause de l'habitude même, leur est nécessaire ; ces habitués-là, seuls, habitués aux phraséologies de MM. Bérard et Marchangy, ne s'inquiétaient pas du chemin dans lequel s'engageait le procureur du roi, sachant que de même qu'on dit en style populaire : tout chemin conduit à Rome, on peut, sous certains gouvernements et dans certaines époques, dire en style de Palais : tout chemin conduit à la peine de mort.

N'était-ce pas par ce chemin-là qu'on avait conduit Didier à Grenoble, Plegnier Cotteron et Carbonneau à Paris, Berton à Saumur, Raoulx, Bories, Goubin et Pommier à La Rochelle?

Le procureur du roi reprit avec un geste de majestueuse et suprême protection :

« — Rassurez-vous, messieurs, la police judiciaire a les cent yeux d'Argus ; elle veillait, elle allait chercher les Cacus modernes dans leurs retraites les plus cachées, dans leurs antres les plus profonds, car rien n'est impénétrable pour elle, et les magistrats répondaient aux clameurs mensongères qui circulaient en faisant leur devoir plus rigoureusement que jamais.

» Oui, nous sommes loin de le nier, de grands crimes ont été commis, et, organe inflexible de la loi, nous avons nous-même requis contre ces crimes les différentes peines qu'ils avaient encourues. Car, nul, messieurs, soyez-en bien convaincus, n'échappe au glaive vengeur de la loi. Que dès à présent la société se rassure donc, ses plus audacieux perturbateurs sont déjà entre les mains de la justice, et ceux qu'elle ne tient pas encore ne tarderont pas à trouver devant elle la peine de leurs attentats.

» Ainsi, ceux qui, cachés aux environs du canal Saint-Martin, avaient pris ses bords déserts pour le théâtre de leurs attaques nocturnes, jetés à cette heure dans les cachots, luttent vainement contre les preuves que l'instruction a rassemblées contre eux.

» Le sieur Ferrantès, un Espagnol; le sieur Aistolos, un Grec; le sieur Walther, un Bavarois; le sieur Coquerillat, un Auvergnat, ont été arrêtés avant-hier soir dans l'obscurité de la nuit. Aucune trace ne révélait leur présence cependant, mais il n'est point d'abri qui ait pu les protéger contre les yeux vigilants de la justice, et la force de la vérité a déjà arraché des aveux à ces consciences effrayées. »

L'auditoire continuait de se regarder, se demandant tout bas ce que le sieur Ferrantès, le sieur Aistolos, le sieur Walther et le sieur Coquerillat avaient de commun avec M. Sarranti.

Mais les habitués continuaient de secouer la tête d'un air de confiance qui signifiait :

— Vous allez voir, vous allez voir.

Le procureur du roi continua :

« Trois forfaits partis de mains plus criminelles encore sont venus exciter l'horreur et l'indignation publique. Un cadavre a été trouvé près de Labriche : c'était celui d'un malheureux soldat qui venait d'obtenir son congé; dans le même temps, un pauvre ouvrier tombait sous des coups meurtriers dans les champs de La Villette; enfin un charretier de Poissy était tué quelques jours après sur la grande route de Paris à Saint-Germain.

» En peu de temps, messieurs, le bras de la justice a atteint les auteurs de ces derniers attentats aux extrémités de la France.

» Mais on ne s'est pas borné à ces récits; on a raconté cent autres crimes; on a parlé d'un malheureux succombant rue Charles X, sous les coups des assassins;

un cocher avait été, disait-on, trouvé baigné dans son sang, derrière le Luxembourg; un attentat odieux avait été commis sur une malheureuse femme, rue du Cadran; une voiture des postes royales aurait été dévalisée à main armée, il y a deux jours, par le trop célèbre Gibassier, dont le nom, plus d'une fois prononcé dans cette enceinte, est certainement venu jusqu'à vous.

» Eh bien, messieurs, tandis que l'on s'efforçait d'alarmer ainsi les citoyens, la police judiciaire constatait que le malheureux trouvé rue Charles X était mort d'un épanchement de sang dans les poumons, que le cocher avait été frappé d'une attaque d'apoplexie foudroyante en s'emportant contre ses chevaux, et que cette malheureuse femme, sur laquelle on appelait un si touchant intérêt, était victime, purement et simplement, d'une de ces scènes tumultueuses que provoque la débauche. Et quant au trop célèbre Gibassier, messieurs, je vais, en vous donnant une preuve non équivoque qu'il n'avait pas commis le crime qu'on lui impute, vous offrir la mesure de la confiance que vous pouvez avoir dans ces calomnieuses inventions.

» En entendant dire que Gibassier avait arrêté la malle entre Angoulême et Poitiers, j'ai fait venir M. Jackal.

» M. Jackal m'a affirmé que le nommé Gibassier était à Toulon, où il subissait son temps, sous le numéro 171, et où son repentir donnait un tel exemple, qu'on était en train en ce moment de solliciter de Sa Majesté Charles X la remise des sept ou huit ans de bagne qui lui restent encore à faire.

» Par cet exemple incroyable, et qui me dispense d'en choisir d'autres, jugez du reste, messieurs, et voyez par quels grossiers mensonges on entretient la curiosité, disons mieux, la malveillance publique.

» Gémissons, messieurs, de voir ces bruits circuler, et que les maux dont on s'est plaint retombent en quelque sorte sur ceux qui les ont propagés.

» La paix publique a été troublée, dit-on; on se renferme chez soi en tremblant dès que la nuit est venue; les étrangers ont fui une ville désolée par les crimes; le commerce est ruiné, perdu, anéanti.

» Messieurs, que diriez-vous si l'esprit de malveillance de ces hommes qui cachent leurs opinions bonapartistes ou républicaines sous le titre de libéraux, avait seul provoqué ces malheurs par des calomnies?

» Vous seriez indignés, n'est-ce pas?

» Mais un autre mal a été enfanté par le désastreux manége qui menace la société en ayant l'air de la prendre sous sa protection chaque jour, en annonçant des forfaits impunis, chaque jour, en répétant que des magistrats inattentifs laissent le crime jouir tranquillement de l'impunité.

» C'est ainsi *qu'un* Sarranti, sur le sort duquel vous avez à prononcer à cette heure, a pu se flatter, depuis sept années, d'être à jamais à l'abri des poursuites de la justice.

» Messieurs, la justice est boiteuse, elle arrive à pas lents, dit Horace.

» Soit, messieurs, mais elle arrive infailliblement.

» Ainsi, un homme ! — c'est du criminel que vous avez sous les yeux que je parle, — un homme commet un triple crime de vol, de rapt, d'assassinat. L'attentat commis, il quitte la ville qu'il habite, il quitte le pays qui l'a vu naître, il quitte l'Europe, il traverse les mers, il s'enfuit au bout du monde, et va demander à un autre continent, à un de ces royaumes perdus au cœur de l'Inde, de le recevoir comme un hôte royal ; mais cet autre continent le rejette, ce royaume le rejette, et l'Inde lui dit : « Que viens-tu faire parmi mes fils innocents, toi coupable ? Éloigne-toi d'ici ; va-t'en ! en arrière, démon ! *Retro Satanas !* »

Quelques éclats de rire, contenus jusque-là, firent irruption tout à coup, au grand scandale de messieurs les jurés.

Quant à l'avocat du roi, soit qu'il ne comprît pas l'hilarité de la foule, soit qu'au contraire, la comprenant, il voulût la refouler ou la tourner à son profit, il s'écria :

« — Messieurs, le frémissement de l'auditoire est significatif ; c'est un blâme méprisant jeté par la foule au criminel, et la condamnation la plus sévère ne sera pas plus cruelle pour lui que ce sourire de dédain. »

Quelques murmures accueillirent ce détournement de l'opinion de l'auditoire.

— Messieurs, dit le président, s'adressant à l'auditoire, rappelez-vous que le silence est le premier devoir du public.

Le public, qui avait le plus grand respect pour la voix impartiale du président, obéit, et le silence se rétablit.

M. Sarranti, le sourire sur les lèvres, le front haut et calme, tenait sa main dans celle du beau moine ; et quant à celui-ci, pieusement incliné déjà sous l'arrêt que son père ne pouvait éviter, il rappelait vaguement les portraits de saint Sébastien des peintres espagnols, dont le corps, percé de flèches, respire la plus sublime mansuétude, la plus angélique résignaion.

XII

Cour d'assises de la Seine.

Audience du 29 avril. — Affaire Sarranti.

(SUITE).

Nous ne suivrons pas plus loin l'avocat du roi dans son plaidoyer. Seulement, une fois le sujet abordé, il retraça le plus longuement qu'il put les charges résultant des accusations des témoins de M. Gérard, épuisant toutes les ressources banales, toutes les fleurs classiques de la rhétorique du palais. Enfin, il termina son plaidoyer en demandant l'application des articles 293, 296, 302 et 304 du Code pénal.

Un murmure de douleur et un frisson d'effroi courut par toute la foule.

L'émotion était au comble.

Le président demanda à M. Sarranti :

— Accusé, avez-vous quelque chose à dire?

— Pas même que je suis innocent, tant je méprise l'accusation portée contre moi, répondit M. Sarranti.

— Et vous, maître Emmanuel Richard, répliqua le président, avez-vous quelque chose à dire en faveur de votre client?

— Non, monsieur, répondit l'avocat.

— Alors les débats sont fermés, dit le président.

Il y eut dans tout l'auditoire un immense mouvement d'intérêt, suivi d'un profond silence.

Le résumé du président séparait seul l'accusé de la sentence. Il était quatre heures du matin. On comprenait que ce résumé serait court, et, à la manière dont l'honorable président avait conduit les débats, on comprenait qu'il serait impartial.

Aussi, dès qu'il ouvrit la bouche, les huissiers n'eurent pas besoin d'imposer le silence à la multitude. La multitude fit silence elle-même.

« — Messieurs les jurés, dit le président d'une voix dont il n'avait pu bannir l'émotion, je viens de clore des débats dont la longueur est à la fois pénible pour votre cœur, fatigante pour votre esprit.

» Fatigante pour votre esprit, car ils durent depuis plus de soixante heures.

» Pénible pour votre cœur, car qui ne serait ému en voyant comme partie plaignante un vieillard, modèle de vertu et de charité, l'honneur de ses concitoyens, et en face de lui, accusé par lui d'un triple crime, un homme que son éducation appelait à parcourir une carrière honorable et même brillante, et qui proteste par sa voix et par celle d'un digne religieux, son fils, contre la triple accusation dont il est l'objet.

» Vous êtes encore comme moi, messieurs les jurés, sous l'impression des plaidoiries que vous venez d'entendre. Il faut donc nous faire violence, descendre au fond de nous-mêmes, nous recueillir avec calme dans ce moment solennel, et reprendre avec sangfroid l'ensemble de ces débats. »

Cet exorde causa une émotion profonde

dans l'âme des spectateurs, et la foule, muette et haletante, suivit avec une fervente attention l'analyse du président.

Après avoir passé en revue et avec une consciencieuse fidélité tous les moyens de l'accusation, et avoir fait ressortir ce que le défaut de défense avait de désavantageux pour l'accusé, l'honorable magistrat termina son discours en ces termes :

« Je viens d'exposer devant vous, messieurs les jurés, aussi consciencieusement et aussi rapidement qu'il m'a été possible, l'ensemble de la cause. C'est à vous maintenant, c'est à votre haute sagacité, c'est à votre suprême sagesse, de discerner le juste d'avec l'injuste et de décider.

» Pendant que vous accomplirez cet examen, vous serez ébranlés à tout instant par ces profondes et violentes émotions qui viennent assaillir le cœur de l'honnête homme au moment où il va porter un jugement sur son semblable, et proclamer une terrible vérité. Mais ni la lumière, ni le courage ne vous manqueront, et, quel que soit votre jugement, il émanera de la justice souveraine, surtout si vous prenez pour guide le seul infaillible : la conscience.

» C'est dans la foi de cette conscience, contre laquelle viennent se briser toutes les passions, — car elle est sourde aux paroles, sourde à l'amitié, sourde à la haine, — que la loi vous investit de vos redoutables fonctions; que la société vous remet ses pleins pouvoirs, et vous charge de ses plus graves et de ses plus chers intérêts ; que les familles, confiantes en vous comme en Dieu même, viennent se placer sous votre protection, et que les accusés, enfin, qui ont le sentiment de leur innocence, vous remettent entre les mains leur vie en toute sécurité, et vous acceptent sans trembler pour juges. »

Ce résumé net, précis et court, empreint du premier au dernier mot de la plus scrupuleuse impartialité, fut constamment écouté dans le plus religieux silence.

A peine le président avait-il cessé de parler, que tout l'auditoire se levait spontanément comme un seul homme et donnait les plus vives marques d'approbation, auxquelles se mêlaient les applaudissements des avocats.

M. Gérard avait écouté le président la pâleur de l'angoisse sur le front. Il sentait que, dans l'âme de cet homme juste qui venait de parler, était non pas l'accusation, mais le doute.

Il était quatre heures à peu près quand le jury se retira dans la salle des délibérations.

On emmena l'accusé, et, fait inouï dans les fastes judiciaires, pas une des personnes présentes depuis le matin ne songea à quitter la salle, quelque temps que dût se prolonger la délibération.

Ce fut donc, à partir de ce moment, dans la salle, un colloque immense et des plus animés sur les diverses circonstances des débats, en même temps qu'une horrible anxiété s'emparait de tous les cœurs.

M. Gérard avait demandé s'il pouvait se retirer. Sa force avait été jusqu'à entendre requérir la peine de mort, mais elle n'allait pas jusqu'à l'entendre prononcer.

Il se leva pour sortir.

La foule, nous l'avons dit, était bien pressée, et cependant il se fit à l'instant même un passage sur sa route.

Chacun s'écartait comme pour faire place à quelque animal immonde ou venimeux.

Le plus déguenillé, le plus pauvre, le

plus sale des auditeurs se fut cru souillé par le contact de cet homme.

Vers quatre heures et demie, un coup de sonnette se fit entendre.

Un frisson parti de l'intérieur de la salle au tintement de cette sonnette, se communiqua au dehors.

Aussitôt, comme une marée qui monte, le flot revint battre la salle et chacun s'empressa de reprendre sa place.

Mais c'était une émotion vaine; un des jurés faisait demander une pièce de la procédure.

Cependant les premiers rayons d'un jour pâle et gris filtraient à travers les fenêtres et commençaient à faire pâlir la lumière des bougies et des lampes.

C'était l'heure où les plus robustes organisations sentent la fatigue; c'était l'heure où les plus joyeux esprits comprennent la tristesse.

C'était l'heure où l'on a froid.

Vers six heures, un nouveau coup de sonnette se fit entendre.

Cette fois-ci il ne pouvait plus y avoir de méprise, c'était bien le verdict de grâce ou l'arrêt de mort qui allait être prononcé après deux heures de délibération.

Un mouvement électrique se communiqua à toute l'assemblée, dont on vit pour ainsi dire le frissonnement à la surface. Le silence se rétablit comme par enchantement dans cet auditoire si bruyant et si agité une seconde auparavant.

La porte de communication entre la salle d'audience et la salle des délibérations s'ouvrit. Les membres du jury parurent et chacun s'efforça de lire à l'avance sur leur visage l'arrêt qui allait être prononcé.

Les traits de quelques-uns d'entre eux annonçaient la plus vive émotion.

La Cour entra quelques moments après.

Le chef du jury s'avança, et, la main sur la poitrine, mais d'une voix faible, il commença la lecture de la délibération suivante :

« Les questions soumises au jury étaient au nombre de cinq.

» Elles étaient ainsi conçues :

» 1° M. Sarranti est-il coupable d'avoir, avec préméditation, commis un homicide sur la personne d'Orsola ?

» 2° Ce crime a-t-il été précédé des autres crimes ci-après spécifiés ?

» 3° A-t-il eu pour objet de préparer ou de faciliter l'exécution de ces crimes ?

» 4° M. Sarranti a-t-il, dans la journée du 19 ou dans la nuit du 19 au 20 août, commis un vol avec effraction dans l'appartement de Gérard ?

» 5° A-t-il fait disparaître les deux neveux dudit Gérard ? »

Il se fit une pause d'un instant.

Aucune plume ne saurait rendre l'anxiété suprême de ce moment rapide comme la pensée, et qui cependant dut paraître un siècle à l'abbé Dominique, resté avec l'avocat près du banc vide de l'accusé.

Le chef du jury continua :

« OUI, à la majorité sur toutes les questions, l'accusé est coupable ! »

Tous les yeux s'étaient fixés sur Dominique.

Il était debout comme les autres.

A travers la grise atmosphère du matin, on vit sa pâleur se changer en lividité.

Il ferma les yeux et se retint à la balustrade pour ne pas tomber.

L'auditoire tout entier étouffa un soupir de douleur.

L'ordre fut donné de ramener M. Sarranti.

Tous les yeux se fixèrent sur la petite porte.

Il reparut.

Dominique lui tendit la main en disant ces seuls mots :

— Mon père !

Mais lui, écouta le verdict de mort comme il avait écouté l'acte d'accusation, sans donner le moindre signe d'émotion.

Dominique, moins impassible, poussa une espèce de gémissement, regarda d'un œil ardent la place qu'avait occupée Gérard, tira avec un mouvement convulsif un rouleau de papier de sa poitrine ; puis, avec un effort suprême, repoussa ce rouleau dans sa robe.

Pendant le court instant qui contenait tant de sensations différentes, M. l'avocat général, d'une voix plus altérée qu'on n'eût dû s'y attendre de la part d'un homme qui venait de provoquer cet arrêt rigoureux, requit contre M. Sarranti l'application des articles 293, 296, 302 et 304 du Code pénal.

La Cour rentra en délibération.

Pendant ce temps, le bruit se répandait dans la salle que, si M. Sarranti avait tardé de quelques secondes à rentrer, c'est que, pendant qu'on élaborait son arrêt de mort, il s'était profondément endormi.

En même temps, on disait que le verdict de culpabilité n'avait été rendu qu'à la stricte majorité.

Après cinq minutes d'une nouvelle délibération, le président prononça avec émotion et d'une voix étouffée l'arrêt qui condamnait M. Sarranti à la peine de mort.

Puis, se retournant vers M. Sarranti qui avait écouté calme et impassible.

— Accusé Sarranti, dit-il, vous avez trois jours pour vous pourvoir en cassation.

Sarranti s'inclina.

— Merci, monsieur le président, dit-il, mais mon intention n'est pas de me pourvoir.

Dominique parut, par ces mots, tiré violemment de sa stupeur.

— Si! si! messieurs, s'écria-t-il, mon père se pourvoira, car il est innocent.

— Monsieur, dit le président, la loi défend de prononcer de pareilles paroles lorsque l'arrêt est rendu.

— A l'avocat de l'accusé, monsieur le président, s'écria Emmanuel, mais pas à son fils. Malheur au fils qui ne croit pas toujours à l'innocence de son père !

Le président semblait prêt à défaillir.

— Monsieur, dit-il à Sarranti, — lui donnant ce titre contre toutes les habitudes, — avez-vous quelque demande à faire à la Cour ?

— Je demande à voir librement mon fils, qui ne refusera pas, je l'espère, de m'assister comme prêtre sur l'échafaud.

— Oh ! mon père, mon père, s'écria Dominique, vous n'y monterez pas, je vous le jure !

Puis, à voix basse, il ajouta :

— Et si quelqu'un y monte, ce sera moi !

XIII

Les amants de la rue Macon.

Nous avons dit l'effet produit, à l'intérieur de la salle, par le prononcé du jugement.

L'effet ne fut pas moins grand à l'extérieur.

A peine ces mots : « à la peine de mort, » furent-ils tombés des lèvres du président, que ce fut commé un long gémissement, comme un immense cri d'effroi, qui, parti de l'intérieur de la salle d'audience, s'en alla, à travers mille poitrines, retentir jusqu'à la place du Châtelet et faire frissonner les spectateurs, comme si le tocsin que contenait, avant la révolution, la tour carrée de l'Horloge, donnait, ainsi qu'il avait fait en chœur avec la cloche de Saint-Germain-l'Auxerrois, dans la nuit du 24 août 1572, le signal des massacres d'une nouvelle Saint-Barthélemy.

Toute cette foule se retira triste et morne, s'écoulant lentement et lugubrement, le cœur serré par l'arrêt terrible qui venait d'être prononcé.

Quiconque, ignorant ce qui se passait, eût vu cette multitude ainsi consternée, quiconque eût assisté à ce départ silencieux, à cette désertion muette, n'eût pas trouvé d'autre motif à cette lente et sombre retraite que quelque catastrophe extraordinaire, comme l'éruption d'un volcan, l'arrivée de la peste ou les premières rumeurs d'une guerre civile.

Mais aussi celui qui, ayant assisté toute la nuit à ces terribles débats, celui qui, dans cette immense salle, à la lueur tremblante des lampes et des bougies, pâlissant aux premières clartés du jour, celui qui eût entendu prononcer la mortelle sentence et qui, ayant vu s'écouler cette foule menaçante, se fût trouvé tout à coup, sans transition, transporté dans le nid charmant qu'habitaient Salvator et Fragoletta, eût éprouvé une impression bien douce, une sensation pareille à celle que doit donner l'air frais d'une matinée du mois de mai au débauché qui vient de passer la nuit dans une orgie.

Il eût vu d'abord cette petite salle à manger dont les quatre panneaux représentaient des intérieurs de Pompeïa ; Salvator et Fragoletta assis chacun de chaque côté d'une table de laque, sur laquelle était posé un service de thé en porcelaine blanche d'une finesse éclatante sinon d'un grand prix.

Au premier coup d'œil, on eût bien vite reconnu deux amoureux ou plutôt deux amants, ou plutôt deux créatures qui s'aiment.

Mais, à moins de querelle entre eux, ce qui semblait impossible à la façon dont la charmante enfant regardait le jeune homme, on eût compris, à l'air préoccupé de celui-ci, que quelque rêverie soucieuse et mélancolique planait au-dessus de la tête et du cœur de tous deux.

Et, en effet, le visage candide de Fragoletta, qui semblait une fleur de printemps s'ouvrant au soleil d'avril, portait au milieu de ce chaste et tendre regard fixé sur son amant l'empreinte d'une émotion si profonde, qu'elle touchait presque à la douleur, et cela tandis qu'à côté d'elle Salvator semblait en proie à un si grand chagrin, qu'il ne semblait pas même songer à consoler la jeune fille.

Et cependant toute cette tristesse était bien naturelle des deux parts.

Salvator, absent toute la nuit, était rentré depuis une demi-heure et avait raconté à la jeune fille, dans leurs sombres détails, toutes les aventures de la nuit et l'apparition de Camille de Rozan dans les salons de madame de Marande, et l'évanouissement de Carmélite et la condamnation à mort de M. Sarranti.

Le cœur de Fragoletta avait plus d'une fois tressailli en écoutant ce funèbre récit, dont les détails étaient presque aussi tristes dans les salons dorés du banquier que dans la sombre salle de la Cour d'assises.

Si, en effet, le corps de M. Sarranti avait

été condamné à mort par le président du tribunal, le cœur de Carmélite n'était-il pas, lui aussi, condamné à mort par la mort de Colomban.

La tête baissée sur la poitrine, elle songeait.

Lui, la tête appuyée dans ses deux mains, méditait de son côté.

Car tout un horizon s'ouvrait devant lui.

Il se rappelait cette nuit où il avait franchi avec Roland les murailles du château de Viry.

Il se rappelait cette course du chien à

travers les prés, à travers la forêt qui avait abouti au pied du chêne.

Il se rappelait, enfin, l'acharnement avec lequel le chien avait gratté la terre, et l'impression terrible qu'il avait ressentie quand le bout de ses doigts crispés avait touché les cheveux soyeux de l'enfant.

Quels rapports ce cadavre, enterré sous un chêne, pouvait-il avoir avec l'affaire de M. Sarranti ?

Au lieu d'être une preuve en sa faveur ne serait-il pas une preuve contre lui ?

D'ailleurs, Mina, n'était-ce pas la perdre ?

Oh! si Dieu daignait faire descendre un rayon de sa lumière dans le cerveau de Salvator!

Peut-être aussi par Rose-de-Noël.

Mais, la nerveuse enfant, n'était-ce pas la tuer que de la remettre sur ce sanglant chapitre de son enfance ?

D'ailleurs, lui, quelle mission avait-il reçue de fouiller dans toutes ces ténébreuses profondeurs ?

Et cependant, n'avait-il pas pris le nom de SALVATOR, et cependant Dieu ne semblait-il pas lui mettre dans la main le fil à l'aide duquel il pouvait se retrouver dans ce labyrinthe de crimes ?

Il irait trouver Dominique.

Ne devait-il rien, lui, à ce prêtre à qui il devait la vie ?

Il mettrait à sa disposition toutes ces demi-lueurs de vérité qui l'éblouiraient comme des éclairs.

Cette résolution prise, il se levait pour la mettre à exécution, lorsque le tintement de la sonnette retentit.

Roland qui, couché près de son maître, avait lentement soulevé sa tête intelligente, se dressa sur ses pattes en entendant le timbre de bronze.

— Qui va là, Roland, demanda Salvator. Est-ce un ami ?

Le chien écouta son maître et, comme s'il l'eût compris, il alla lentement à la porte en secouant la queue, ce qui était un signe infaillible de sympathie.

Salvator sourit et alla ouvrir la porte.

Dominique, pâle, triste et grave, apparut sur le seuil.

Salvator jeta un cri de joie.

— Soyez le bien-venu dans ma pauvre demeure, dit-il, je pensais à vous, j'allais aller chez vous.

— Merci ! dit le prêtre, vous voyez que je vous ai épargné la fatigue du chemin.

Fragoletta, à l'aspect de ce beau moine

qu'elle n'avait vu qu'une fois près du lit de Carmélite, s'était levée.

Dominique allait parler. Salvator fit un geste de prière pour qu'au lieu de parler le moine écoutât.

Le moine rapprocha ses lèvres entr'ouvertes et attendit.

— Fragoletta, dit Salvator, chère enfant de mon cœur, viens ici.

Fragoletta s'approcha, appuyant son bras au bras de son amant.

— Fragoletta, continua Salvator, si tu crois que ma vie, depuis sept ans, a été de quelque utilité aux hommes, si tu crois que j'ai fait quelque bien sur la terre, —

agenouille-toi devant ce martyr, baise le bas de sa robe et remercie-le, car c'est à lui que je dois de ne pas être depuis sept ans un cadavre.

— Oh! mon père, s'écria Fragoletta, en se jetant à genoux.

Dominique lui tendit la main.

— Relevez-vous, mon enfant, lui dit-il, remerciez Dieu seul, Dieu seul donne et ôte la vie.

— Alors, dit Fragoletta, c'est l'abbé Dominique qui prêchait à Saint-Roch, le jour où tu voulais te tuer?

— Le pistolet, tout chargé, était dans

ma poche, ma résolution était prise, une heure encore et j'allais cesser d'exister. La parole de cet homme m'a retenu sur le bord de l'abîme. J'ai vécu.

— Et vous remerciez Dieu de vivre ?

— Oh! oui, de toute mon âme, dit Salvator en regardant Fragoletta. Voilà pourquoi je vous ai dit, mon père, quelle que soit la chose que vous désiriez, cette chose vous parût-elle impossible, à quelque heure du jour ou de la nuit que ce soit, avant d'aller frapper à aucune porte, mon père, venez frapper à la mienne.

— Et vous le voyez, je suis venu !

— Que désirez-vous que je fasse, ordonnez !

— Croyez-vous mon père innocent?

— Oui, sur mon âme, c'est ma conviction, et peut-être puis-je vous aider à acquérir la preuve de son innocence.

— Je l'ai ! répondit le moine.

— Espérez-vous le sauver ?

— J'en suis sûr !

— Avez-vous besoin du concours de mon bras et de mon intelligence ?

— Nul ne peut m'aider que moi-même dans la poursuite de mon œuvre.

— Que venez-vous me demander alors ?

— Une chose qu'il me paraît impossible

que j'obtienne par votre entremise. Mais vous m'avez dit de venir à vous pour quelque chose que ce soit et j'aurais cru trahir un devoir en ne venant pas.

— Dites votre désir.

— Il faut qu'aujourd'hui, demain au plus tard, j'obtienne une audience du roi, vous voyez que c'est chose impossible, par vous du moins.

Salvator se tourna en souriant vers Fragoletta.

— Colombe, dit-il, sors de l'arche et ne reviens qu'avec le rameau de l'olivier.

Fragoletta, sans répondre, passa dans

la chambre voisine, se coiffa d'un chapeau ayant un voile, jeta sur ses épaules une mante d'étoffe anglaise, rentra, donna son front à baiser à Salvator, et sortit.

— Asseyez-vous, mon père, dit le jeune homme. Dans une heure, vous aurez votre audience pour aujourd'hui, ou pour demain au plus tard.

Le prêtre s'assit en regardant Salvator avec un étonnement qui allait jusqu'à la stupéfaction.

— Mais qui êtes-vous donc, demanda-t-il à Salvator, vous qui, sous une si humble apparence, disposez d'un si grand pouvoir ?

— Mon père, répondit Salvator, je suiscomme vous, je dois marcher seul dans la voie que je me suis tracée, mais si jamais je raconte ma vie à quelqu'un, je vous promets que ce sera à vous.

XV

Dans la serre de Régina.

L'atelier, ou plutôt la serre de Régina, offrait, à l'heure même où l'abbé Dominique entrait chez Salvator, c'est-à-dire vers dix heures du matin, le spectacle gracieux de trois jeunes femmes groupées sur le même sofa, avec une enfant couchée à leurs pieds.

Ces trois jeunes femmes, que nos lecteurs ont déjà reconnues, c'étaient la comtesse Rappt, madame de Marande et Carmélite.

L'enfant, c'était la petite Abeille.

Inquiète de la façon dont Carmélite avait passé la nuit, Régina, levée de bonne heure, avait envoyé Nanon demander des nouvelles de Carmélite, avec mission de ramener Carmélite dans sa voiture, si elle se sentait assez bien pour venir passer la matinée avec elle.

Carmélite avait la plus indomptable de

toutes les forces, celle de la volonté. Elle
ne demanda à Nanon que le temps de jeter
un châle sur ses épaules, monta dans la
voiture et arriva chez Régina.

Elle avait à remercier Régina de tous ses
soins de la veille. C'était le premier besoin
de son âme.

Les fatigues de son corps ne venaient
qu'après.

Or, voilà ce qui était arrivé :

Quand M. de Marande avait, vers sept
heures du matin, quitté la chambre de sa
femme, madame de Marande avait, mais
inutilement, essayé de dormir.

La chose lui avait été impossible.

A huit heures, elle s'était levée. Elle avait pris un bain; elle avait fait demander à M. de Marande la permission d'aller prendre des nouvelles de Carmélite.

M. de Marande, qui, lui non plus, n'avait pas dormi et qui était déjà au travail, avait sonné, et, pour toute réponse, fait ordonner au cocher d'atteler et de se mettre aux ordres de madame pour toute la matinée.

Vers dix heures, madame de Marande était montée en voiture et avait donné l'ordre de toucher rue de Tournon.

Elle était arrivée juste au moment où Carmélite venait de partir. La femme de chambre savait, par bonheur, où Carmélite était allée.

Le cocher reçut l'ordre de conduire sa maîtresse boulevart des Invalides, chez la comtesse Rappt.

Madame de Marande y arriva dix minutes après Carmélite.

Carmélite avait trouvé la petite Abeille à genoux sur un tabouret devant Régina et se faisant, en véritable coquette qu'elle était déjà, raconter, par sa grande sœur, les détails de la soirée de la veille.

Au moment où Régina racontait à l'enfant l'évanouissement de Carmélite, évanouissement qu'elle expliquait par la chaleur étouffante qui régnait dans les salons, Carmélite entra et l'enfant se jeta à son cou, l'embrassant tendrement et lui demandant comment elle se portait.

Régina avait eu deux raisons d'envoyer chez Carmélite : la première pour avoir des nouvelles de sa santé ; puis, si elle venait en donner elle-même, pour lui dire qu'il y avait, le soir, grande fête au ministère des affaires étrangères, et lui remettre une lettre d'invitation.

La jeune fille pouvait à son gré aller à ce bal comme invitée ou comme artiste, chanter ou ne pas chanter.

Carmélite accepta l'invitation au nom de l'artiste ; elle avait passé, la veille, par une épreuve si rude, mais en même temps si salutaire, qu'elle n'avait plus rien à redouter désormais.

Aucun public, même celui d'un ministère, n'était à craindre, si étranger à l'art qu'il fût; aucun personnage ne pouvait plus épouvanter celle qui avait chanté devant le sinistre spectre qui lui était apparu.

Il fut donc convenu que Carmélite irait à ce bal comme artiste, présentée et patronnée par Régina.

On en était là quand madame de Marande entra.

Ce fut un cri de joie poussé tout à la fois par les deux amies et par la petite Abeille, qui aimait fort madame de Marande.

— Ah! voilà la fée Turquoise! s'écria Abeille.

Madame de Marande avait les plus belles turquoises de Paris, et voilà pourquoi Abeille l'appelait ainsi, comme elle appelait sa sœur la fée Carita, à cause de son aventure avec Rose-de-Noël; comme elle appelait Carmélite la fée Fauvette, à cause de son admirable voix; et Fragoletta la fée Mignonne, à cause de sa taille fine et de son cou gracieux.

Quand les quatre jeunes filles étaient réunies, Abeille prétendait que le royaume des fées était au complet.

Le royaume des fées devait être au complet ce jour-là; car à peine madame de Marande avait-elle échangé un baiser avec ses deux amies et avait-elle pris place auprès d'elles, que la porte s'ouvrit et qu'on annonça Fragoletta.

Les trois jeunes femmes s'élancèrent au-devant de leur quatrième amie, celle de toutes que l'on voyait le plus rarement, et l'embrassèrent tour à tour, tandis qu'A-beille, pressée de prendre sa part des caresses de Fragoletta, criait en sautant autour du groupe.

— Et moi donc! et moi! est-ce que tu ne m'aimes plus, la fée Mignonne?

Fragoletta se retourna enfin vers Abeille, l'enleva dans ses deux mains comme un oiseau, et couvrit de baisers le visage de la petite fille.

— On ne te voit plus, chérie, dirent ensemble Régina et madame de Marande, tandis que Carmélite, à qui Fragoletta avait tenu fidèle compagnie pendant sa convalescence, ne pouvant lui faire un pareil reproche, se contentait de lui tendre la main.

— C'est vrai, mes sœurs, dit Fragoletta, vous êtes les princesses et moi la pauvre Cendrillon ; il faut que je reste au foyer.

— Ah ! pas comme Cendrillon, dit Abeille, comme Trilby.

L'enfant venait de lire le charmant conte de Charles Nodier.

— A moins de grandes occasions, continua Fragoletta, à moins de choses sérieuses. Alors, je me hasarde, je viens vous demander, chères sœurs, si vous m'aimez toujours?

Un triple embrassement répondit à la question.

— Grandes occasions, choses sérieuses, répéta Régina; en effet, ton joli visage est triste.

— Te serait-il arrivé quelque malheur? demanda madame de Marande.

— Ou à lui? demanda Carmélite, qui comprenait que les plus grands malheurs ne sont pas toujours ceux qui nous arrivent à nous.

— Oh! non, Dieu soit béni, s'écria Fragoletta, ni à lui, ni à moi; mais à un ami.

— A quel ami? demanda Régina.

— A l'abbé Dominique.

— Oh! c'est vrai, s'écria Carmélite, son père?...

— Condamné!

— A mort?

— A mort!

Les jeunes filles poussèrent un faible cri.

Dominique avait été l'ami de Colomban, Dominique était leur ami.

— Que peut-on faire pour lui ? demanda Carmélite.

— Faut-il demander la grâce de M. Sarranti ? fit Régina ; mon père est assez bien avec le roi.

— Non, dit Fragoletta, il faut demander une chose moins difficile, ma bien-aimée Régina, et c'est toi qui demanderas cette chose.

— Laquelle ? Parle.

— Il faut demander une lettre d'audience au roi.

— Pour qui ?

— Pour l'abbé Dominique.

— Pour quel jour?

— Pour aujourd'hui.

— N'est-ce que cela?

— Oui. C'est du moins tout ce qu'il demande momentanément.

— Sonne, mon enfant, dit Régina à Abeille.

Abeille sonna.

Puis, revenant à Régina :

— Oh! ma sœur, dit-elle, est-ce qu'on le tuera?

— Nous ferons tout ce qu'il sera possible pour qu'un pareil malheur n'arrive pas, dit Régina.

En ce moment, Nanon parut.

— Faites atteler à l'instant, dit Régina, sans perdre une minute, et prévenez mon père que, pour affaire de la plus haute importance, je me rends aux Tuileries.

Nanon sortit.

— Chez qui vas-tu aux Tuileries? demanda madame de Marande.

— Chez qui veux-tu que j'aille, sinon chez cette excellente duchesse de Berri?

— Oh! tu vas chez Madame, dit la petite Abeille, je veux y aller avec toi. Mademoiselle m'a dit de venir toutes les fois que mon père ou toi viendriez faire la cour à Madame.

— Eh bien! soit, viens.

— Oh! quel bonheur! quel bonheur! s'écria Abeille.

— Chère enfant! s'écria Fragoletta en embrassant la petite fille.

— Oui, et pendant que ma sœur dira à Madame qu'il faut que l'abbé Dominique voie le roi, moi je dirai à Mademoiselle que nous connaissons l'abbé et qu'il ne faut pas qu'on fasse de mal à son père.

Les quatre jeunes femmes pleuraient en entendant les naïves promesses de l'enfant, qui, sans bien savoir encore ce que c'était que la vie, luttait déjà contre la mort.

Nanon rentra et annonça que le maréchal revenant lui-même des Tuileries, il y avait une voiture attelée dans la cour.

— Allons! dit Régina, ne perdons pas un instant. Viens, Abeille, et fais ce que tu disais, cela ne peut que te porter bonheur.

Puis, regardant la pendule et s'adressant à ses trois amies :

— Il est onze heures, dit-elle; à midi, je

serai de retour avec la lettre d'audience.
Attends-moi, Fragoletta.

Et Régina sortit, laissant ses trois amies pleines de confiance dans l'influence de Régina, mais surtout dans la bonté bien connue de celle dont elle allait implorer l'auguste protection.

XVI

La quadruple alliance.

Nous avons déjà une fois, on s'en souvient, rencontré les quatre principales héroïnes de notre roman au pied du lit de Carmélite.

Nous les trouvons réunies cette fois au

pied de l'échafaud de M. Sarranti. Nous avons dit quelques mots de leur éducation commune. Regardons plus avant dans ces premières années de la jeunesse, toute de fleurs et de parfums, et voyons le lien qui les unissait.

Nous avons le temps de faire un pas en arrière, Régina a dit elle-même qu'elle ne serait pas de retour avant midi.

Ce lien était puissant. Il fallait qu'il fût ainsi pour faire de quatre jeunes filles, si différentes de goût, de rang, de tempérament, d'humeur, un même goût, une même humeur, une seule volonté.

Toutes quatre, Régina, fille du général de Lamothe-Houdon, vivant encore ; Lydie, fille du colonel Laclos, mort comme nous avons vu; Carmélite, fille du capitaine Gervais, tué à Champaubert, en 1814; et Fragoletta, fille du trompette Ponroy, tué à Waterloo, en 1815, étaient filles de légionnaires et avaient été élevées à la maison impériale de Saint-Denis.

Maintenant, répondons tout de suite à une question que ceux qui nous suivent à la piste pour nous prendre en faute ne manqueraient pas de nous faire.

Comment Fragoletta, fille d'un simple trompette, simple chevalier, avait-elle été admise à Saint-Denis, où n'entraient que les filles d'officiers?

Nous allons le dire en quelques lignes.

A Waterloo, au moment où Napoléon, sentant que la bataille pliait entre ses mains, envoyait ordres sur ordres à ses différentes divisions, il eut besoin d'en envoyer un au général comte de Lobau, commandant la jeune garde.

Il regarda autour de lui. Plus d'aides de camp ; tous étaient partis, sillonnant le champ de bataille dans des directions différentes.

Il aperçut un trompette, il l'appela.

Le trompette accourut.

— Tiens, lui dit-il, porte cet ordre au général Lobau, et tâche d'arriver jusqu'à lui par le chemin le plus court. C'est pressé!

Le trompette jeta les yeux sur le chemin à parcourir et secoua la tête.

— Il fait chaud sur ce chemin-là, dit-il.

— As-tu peur?

— Allons donc... un chevalier de la Légion-d'Honneur.

— Eh bien! pars alors, voilà l'ordre.

— Et si je suis tué, l'empereur m'accordera-t-il une grâce?

— Oui, parle vite.

— Eh bien, je désire, si je suis tué, que ma fille, Athénaïs Ponroy, demeurant avec ma mère, rue des Amandiers, 17, soit élevée à Saint-Denis, comme une fille d'officier.

— Cela sera fait : pars tranquille.

— Vive l'empereur! cria le trompette, et il partit au galop.

Il traversa tout le front de bataille, et arriva jusqu'au comte Lobau.

Seulement, en arrivant, il tomba de son cheval en tendant au général le papier qui renfermait l'ordre de l'empereur.

Quant à prononcer une parole, ce fut chose impossible.

Il avait la cuisse cassée, une balle dans le ventre, et une autre dans la poitrine.

Nul n'entendit jamais parler du trompette Ponroy.

Mais l'empereur se souvint de sa promesse. En arrivant à Paris, il donna l'ordre que la petite fille fût à l'instant même conduite et reçue à Saint-Denis.

Voici comment l'humble Athénaïs Ponroy, dont le nom de baptême, un peu prétentieux, avait été changé par Salvator en celui de Fragola; voilà comment l'humble Athénaïs Ponroy avait été reçue à Saint-Denis avec les filles des colonels et des maréchaux.

Ces quatre jeunes filles, de condition et de fortune si différentes, se trouvèrent un jour étroitement liées ensemble par une confraternité de cœur qui, les réunissant dès l'enfance, ne devait les séparer qu'à la mort.

Représentant à elles seules la société française tout entière, pour ainsi dire, on les eût prises pour les incarnations de l'aristocratie, de la noblesse de l'Empire, de la bourgeoisie et du peuple.

Toutes quatre du même âge, à quelques mois près, elles avaient, dès les premiers jours de leur entrée au pensionnat, senti l'une pour l'autre une vive sympathie, que n'éprouvent pas d'ordinaire, dans les colléges ou les pensionnats, les élèves de conditions si différentes.

- Entre ces quatre jeunes filles, le rang, la fortune, le nom, n'avaient aucun sens. La fille du capitaine Gervais s'appelait Carmélite pour Lydie, la fille du trompette Ponroy s'appelait Athénaïs pour Régina.

Nul souvenir de la grandeur de l'une ou de l'humilité de l'autre ne venait altérer cette pure affection, qui devint peu à peu une étroite et profonde amitié.

Le chagrin d'enfant qui pouvait arriver à l'une retentissait dans le cœur des trois autres, et comme elles partageaient leurs chagrins, elles partageaient leur joie, leurs espérances, leurs rêves, leur vie enfin;

car, à cette époque-là, la vie est-elle autre chose qu'un rêve !

C'était la fraternité dans toute l'acception du mot, la fraternité s'accroissant et se resserrant chaque jour davantage, en raison des jours, des mois et des années, et qui, pendant la dernière année, avait pris des proportions telles que leur quadruple alliance était devenue proverbiale à Saint-Denis.

Mais le dernier jour de cette vie en commun devait arriver. L'heure de la séparation allait sonner ; quelques mois encore, et chacune, sortant de Saint-Denis, allait prendre un chemin différent pour rentrer à la maison paternelle, l'une le faubourg

Saint-Germain, l'autre le faubourg Saint-Honoré, celle-ci le faubourg Saint-Jacques, celle-là le faubourg Saint-Antoine. De même, elles allaient prendre quatre routes différentes dans la vie, et chacune allait entrer dans un monde où les trois autres ne pourraient plus la rencontrer que par accident.

C'en était donc fini de cette intimité charmante, de cette douce vie à quatre, où nulle n'avait perdu et où chacune avait gagné! C'en était donc fait de ce quadruple cœur, battant depuis des années des mêmes émotions! C'en était donc fait de cette enfance paisible et souriante, tout cela allait disparaître, sans espérance de retour. Ce rêve, commencé à quatre, chacune allait le continuer seule. Le chagrin de l'une serait ignoré de l'autre. La vie de pension avait été un long et délicieux songe. La vie réelle allait commencer. Sans doute c'était le hasard, ou plutôt laissons à cette divinité cruelle son vrai nom, c'était la fortune qui les dispersait sous son souffle et les éparpillait comme des fleurs aux quatre vents de la vie. Mais elles résistèrent courageusement, pliant comme des roseaux, mais ne rompant pas.

Elles mirent leurs quatre blanches mains les unes dans les autres et se jurèrent solennellement de s'entr'aider, de se secourir, de s'aimer en un mot comme au pensionnat, et cela jusqu'au dernier jour de leur vie.

Elles firent donc entre elles ce traité, dont la principale clause était que chacune devait se lever à l'appel de l'autre, à toute heure du jour, à toute heure de la nuit, à quelque moment de la vie que ce fût, dans quelque situation franche ou épineuse, joyeuse ou triste, hasardeuse ou désespérée, que l'une d'elles appelât l'autre ou même les trois autres à son secours.

Nous les avons vues, fidèles à ce contrat, se rendant à l'appel de la mourante Carmélite. Nous les retrouverons non moins exactes dans des occasions non moins graves.

Nous avons dit comment il avait été convenu que tous les ans, le jour du mercredi des Cendres, on devait se réunir à la messe de midi à Notre-Dame.

Pendant les deux ou trois ans qui s'étaient écoulés depuis leur sortie de pension, Carmélite et Fragoletta n'avaient guère vu leurs amies qu'à ce rendez-vous annuel.

Encore, une année, Fragoletta y avait-elle manqué. Si nous racontons jamais son histoire, nous dirons à quelle occasion.

Régina et Lydie s'étaient vues un peu plus souvent.

Mais cette rareté de fréquentation entre les quatre jeunes filles n'avait fait qu'accroître leur amitié au lieu de l'affaiblir, et à elles quatre, en s'appuyant les unes sur les autres, peut-être eussent-elles obtenu, par leurs tenants et leurs aboutissants, ce qu'un congrès de diplomates n'eût pu obtenir.

Et en effet à elles quatre, placées sur les quatre échelons ascendants ou descendants de la société, elles tenaient les clés de l'édifice social tout entier : la cour, l'aristocratie, l'armée, la science, le clergé, la Sorbonne, l'Université, les académies, le peuple, que sais-je !

Leurs clés allaient à toutes les serrures, ouvraient toutes les portes ; à elles quatre, elles représentaient le pouvoir suprême, illimité, absolu.

Il n'y avait, comme nous l'avons vu, que contre la mort qu'elles ne pouvaient rien.

Douées des mêmes vertus, imbues des mêmes principes, pénétrées des mêmes sentiments, capables des mêmes sacrifices, aptes au même dévoûment, elles semblaient nées pour le bien, et, isolément ou ensemble, à quelque prix que ce fût, chacune, l'occasion étant donnée, s'efforçait de l'accomplir.

Nous aurons sans doute, dans la suite de notre récit, occasion de les voir aux prises avec des passions de toutes sortes, et peut-être alors verrons-nous comment peuvent sortir victorieusement des luttes les plus redoutables, les âmes bien trempées.

Maintenant, écoutons.

C'est midi qui sonne, Régina ne peut tarder à rentrer.

A midi et quelques minutes, le roulement d'une voiture se fit entendre.

Les trois jeunes femmes qui causaient ensemble, de quoi? Carmélite, du mort certainement ; les deux autres, des vivants peut-être ; — les trois jeunes femmes, disons-nous, se levèrent spontanément.

Les cœurs battaient à l'unisson. Mais certes celui de Fragoletta plus vivement encore que ceux des deux autres.

Tout à coup on entendit la voix de la

petite Abeille, qui, charmant précurseur, s'était échappée et criait :

— Nous voilà! nous voilà! nous voilà! Ma sœur Ryna a l'audience.

Et elle apparut dans la serre, tout en criant ainsi.

En effet, Régina venait ensuite, souriante comme une triomphatrice.

Elle tenait la lettre d'audience à la main.

L'audience était indiquée sur la lettre pour le jour même à deux heures et demie.

Il n'y avait donc pas une minute à perdre.

Les jeunes femmes s'embrassèrent en renouvelant leurs serments d'amitié. Fragoletta descendit rapidement, sauta dans la voiture de Régina, qui promettait d'aller plus vite que son fiacre, et la voiture armoriée, emportant la belle et charmante enfant vers son humble demeure, s'arrêta à la porte de l'allée de la rue Mâcon.

Les deux hommes étaient à la fenêtre.

— C'est elle, dirent-ils en même temps.

— Dans une voiture armoriée? demanda le moine à Salvator.

— Oui, mais la question n'est point là. A-t-elle ou n'a-t-elle pas la lettre d'audience?

— Elle tient un papier à la main ! s'écria Dominique.

— Alors, tout va bien, dit Salvator.

Dominique s'élança vers le palier.

Fragoletta entendit la porte s'ouvrir.

— C'est moi, cria-t-elle, j'ai la lettre.

— Pour quel jour? demanda Dominique.

— Pour aujourd'hui, dans deux heures.

— Oh! s'écria le moine, soyez bénie, chère enfant.

— Et Dieu soit loué, mon père, dit Fragoletta, remettant respectueusement au moine, de sa petite main blanche, la lettre d'audience du roi.

XVII

Le roi Charles X.

Le roi n'était pas d'une gaîté folle ce jour-là.

Le licenciement de la garde nationale, qu'avait laconiquement annoncé le *Moniteur* du matin, avait mis en rumeur toute la partie commerçante de Paris. *Messieurs les boutiquiers,* comme les appelaient *Messieurs de la cour,* n'étaient jamais contents. Comme nous l'avons déjà dit, ils murmuraient quand on leur commandait de monter leur garde, ils murmuraient quand on leur défendait de la monter.

Que voulaient-ils donc ?

La révolution de juillet montra ce qu'ils voulaient.

Ajoutons à cela que la condamnation de M. Sarranti, qui s'était répandue par toute la ville, n'avait pas peu contribué, sinistre nouvelle, à augmenter l'effervescence chez une notable partie des citoyens.

Et, bien que Sa Majesté eût entendu la messe en compagnie de Leurs Altesses Royales M. le dauphin, madame la dauphine, madame la duchesse de Berri ; bien qu'il eût reçu Sa Grandeur, le chancelier, Leurs Excellences les ministres, les conseillers d'État, les cardinaux, M. le prince de Talleyrand, les maréchaux, le nonce du pape, l'ambassadeur de Sardaigne, l'ambassadeur de Naples, le grand référendaire de la Chambre des pairs, des députés, un grand nombre de généraux ; bien qu'il eût signé le contrat de mariage de M. Tassin de La Vallière, receveur-général des finances du département des Hautes-Pyrénées, avec mademoiselle Charlet, ces divers exercices n'avaient pas eu l'influence de dérider le front du soucieux monarque, et, nous le répétons, Sa Majesté était à mille lieues d'être d'une gaîté folle, entre une et deux heures de l'après-midi du 30 avril 1827.

Tout au contraire, son front exprimait une sombre inquiétude, qui habituellement lui était étrangère. Il y avait dans le royal vieillard, bon et simple de cœur, un peu de l'insouciance de l'enfant. Il était convaincu, d'ailleurs, qu'il marchait dans la bonne, dans la véritable voie, et, le dernier de la race qui fût abrité sous les plis du drapeau blanc, il avait pris pour devise la devise des anciens preux : *Fais ce que dois, advienne que pourra !*

Il était vêtu, selon son habitude, de cet

uniforme bleu et argent avec lequel Vernet l'a représenté passant une revue. Il avait sur la poitrine ce cordon et cette plaque du Saint-Esprit avec lesquels, un an plus tard, il devait recevoir Hugo et lui refuser la représentation de *Marion Delorme*.

Les vers du poète sur cette entrevue vivent encore. *Marion Delorme* vivra toujours. Où êtes-vous, bon roi Charles X qui refusiez la tête des pères aux enfants et la représentation des pièces aux poètes.

Le roi releva sa tête inclinée en entendant l'huissier de service annoncer le visiteur pour lequel sa belle-fille venait de lui demander audience.

— L'abbé Dominique Sarranti, répéta-t-il machinalement, oui, c'est cela !

Mais avant que de répondre, il prit sur son bureau une feuille de papier, et, après l'avoir rapidement parcourue des yeux, il dit :

— Faites entrer M. l'abbé Dominique.

L'abbé Dominique parut sur le seuil de la porte.

Là, il s'arrêta les mains croisées sur sa poitrine et s'inclina profondément.

Le roi aussi s'inclina, non pas devant l'homme, mais devant le prêtre.

— Entrez, monsieur, dit le roi.

L'abbé fit quelques pas en avant et s'arrêta de nouveau.

— Monsieur l'abbé, dit le roi, la promptitude avec laquelle je vous ai accordé cette audience doit vous prouver en quelle estime particulière je tiens tous les ministres de Dieu.

— C'est une des gloires de Votre Majesté, répondit l'abbé en s'inclinant, et en même temps un de ses plus beaux titres à l'amour de ses sujets.

— Je vous écoute, monsieur l'abbé, dit le roi en prenant cette attitude particulière aux princes qui donnent audience.

— Sire, reprit l'abbé Dominique, mon père a été, cette nuit, condamné à mort.

— Je le sais, monsieur, dit le roi, et j'en i profondément gémi pour vous.

— Mon père était innocent des crimes pour lesquels il a été condamné.

— Excusez-moi, monsieur l'abbé, reprit Charles X, mais ce n'était point là l'opinion de MM. les jurés.

— Sire, les jurés sont des hommes et, comme tels, ils peuvent être abusés par les apparences.

— Je vous accorde cela, monsieur l'abbé, plutôt comme une consolation filiale que comme un axiôme de droit humain. Mais autant que la justice peut être rendue par les hommes, justice a été rendue par MM. les jurés à votre père.

— Sire, j'ai la preuve de l'innocence de mon père !

— Vous avez la preuve de l'innocence de votre père ? répéta Charles X avec étonnement.

— Je l'ai, Sire !

— Et pourquoi ne l'avez-vous pas donnée plus tôt ?

— Je ne le pouvais pas.

— Eh bien, monsieur, puisque heureusement il en est temps encore, donnez-la moi.

— Sire, dit l'abbé Dominique en courbant la tête, par malheur c'est chose impossible.

— Chose impossible?

— Hélas! oui, Sire.

— Et quel motif peut empêcher un homme de proclamer l'innocence d'un condamné, quand surtout cet homme est un fils et que ce condamné est son père?

— Sire, je ne puis répondre à Votre Majesté, mais le roi sait si celui qui combat le mensonge dans les autres, celui qui passe sa vie à rechercher la vérité, quelque part qu'elle soit, un des serviteurs de Dieu enfin, le roi sait si celui-là pourrait et surtout voudrait mentir. Eh bien, Sire, sous la droite du Seigneur, du Seigneur qui me voit et qui m'écoute, du Seigneur que je supplie de me punir si je mens, je proclame hautement aux pieds de Votre Majesté l'innocence de mon père, je l'affirme de toutes les forces de ma conscience, et je jure à Votre Majesté que je lui en donnerai la preuve un jour ou l'autre.

— Monsieur l'abbé, répondit le roi avec une majestueuse douceur, vous parlez en fils et j'honore le sentiment qui vous dicte vos paroles, mais permettez que je vous réponde en roi.

— Oh! Sire, j'écoute les mains jointes!

— Si le crime dont est accusé votre père, et pour lequel il est condamné, ne regardait que moi, n'attaquait directement que moi, si c'était, en un mot, un crime politique, un attentat contre le repos de l'État, un crime de lèse-majesté, ou même un attentat contre ma propre vie, le coup eût-il porté, fussé-je blessé, blessé mortellement comme mon pauvre fils l'a été par Louvel, je ferais ce qu'a fait mon fils mourant, monsieur, en faveur de votre habit que je respecte, de votre piété que j'honore ; mon dernier acte serait la grâce de votre père.

— Oh! Sire, que vous êtes bon!

— Mais il n'en est pas ainsi, l'accusation

politique a été écartée par l'avocat-général, et celle de vol, de rapt et d'assassinat...

— Sire ! Sire !

— Oh ! je sais que c'est cruel à entendre, mais, puisque je refuse, dois-je au moins dire les causes de mon refus. L'accusation de vol, de rapt et d'assassinat est donc restée debout. Or, par cette accusation, ce n'est point le roi qui est menacé, ce n'est point l'État qui est en péril, ce n'est point la majesté ou la puissance royale qui est compromise, c'est la société qui est atteinte, c'est la morale qui crie vengeance.

— Oh ! si je pouvais parler ! s'écria Dominique en se tordant les bras.

— Ces trois crimes, dont non-seulemen

votre père est accusé, mais dont il est convaincu, — convaincu puisqu'il y a jugement du jury, et que le jury, accordé par la Charte aux Français, est un tribunal infaillible, — ces trois crimes sont les plus bas, les plus lâches, les plus justement punissables : le moindre des trois mérite les galères.

— Sire ! Sire ! par grâce ne prononcez pas ce mot terrible.

— Et vous voulez... car c'est la grâce de votre père que vous venez me demander, n'est-ce pas ?...

L'abbé Dominique se laissa glisser sur ses genoux !

— Vous voulez, continua le roi, que,

quand il s'agit de ces trois terribles crimes, vous voulez que moi, père de mes sujets, je donne cet encouragement aux coupables d'user de mon droit de grâce, quand, si je l'avais, et par bonheur je ne l'ai pas, je devrais user du droit de mort... En vérité, monsieur l'abbé, vous qui êtes grand justicier au tribunal de la pénitence, interrogez-vous vous-même, et voyez si vous auriez autre chose à dire à un aussi grand coupable que l'est votre père d'autres paroles que celles-ci, les seules que me dicte mon cœur : J'appelle sur le mort toute la miséricorde divine, mais je dois faire justice en punissant le vivant.

— Sire, s'écria l'abbé, oubliant les formules respectueuses, l'étiquette officielle, que le descendant de Louis XIV faisait si rigoureusement observer, Sire, détrompez-vous, ce n'est pas le fils qui vous parle, ce n'est pas le fils qui vous prie, ce n'est pas le fils qui vous implore, c'est un honnête homme qui, connaissant l'innocence d'un autre homme, vous crie : Ce n'est pas la première fois que la justice humaine se trompe ; Sire, Sire, rappelez-vous Calas ; Sire, rappelez-vous Labarre ; Sire rappelez-vous Lesurque. Louis XV, votre auguste aïeul, a dit qu'il donnerait une de ses provinces pour que Calas n'eût pas été exécuté sous son règne ; Sire, sans le savoir, vous allez laisser tomber la hache sur le cou d'un juste ; Sire, au nom du Dieu vivant, je vous le dis, le coupable va être sauvé et c'est l'innocent qui va mourir !

— Mais alors, monsieur, dit le roi ému,

parlez, mais parlez donc, si vous connaissez le coupable, nommez-le moi, ou alors, fils dénaturé, c'est vous qui êtes le bourreau ; parricide, c'est vous qui tuez votre père ; allons, parlez, monsieur, parlez, c'est non-seulement votre droit, mais votre devoir.

— Sire, c'est mon devoir de me taire, répondit l'abbé, dont les larmes, les premières qu'il eût versées, inondèrent les yeux.

— S'il en est ainsi, monsieur l'abbé, reprit le roi, qui voyait l'effet sans comprendre la cause, et qui commençait à se trouver blessé de ce qu'il regardait comme un entêtement de la part du moine, s'il en est ainsi, permettez-moi de me soumettre à l'arrêt de MM. les jurés.

Et il fit un signe qui indiquait à l'abbé que l'audience était finie.

FIN DU DIX-HUITIÈME VOLUME.

TABLE

Des chapitres du dix-huitième volume.

                                         Pages

Chap.   I. La nuit du 29 au 30 avril.   1
—   II. Monsieur de Valsigny 17
—   III Chambre de madame de Marande . . 39
—   IV. Causerie conjugale. 57
—   V. Suite, ou, si l'on veut, commencement de la causerie conjugale . . . 75
—   VI. Suite et fin d'une causerie conjugale. 95
—   VII. Fin de la causerie conjugale qui s'est trouvée être plus longue que l'auteur ne le croyait 113
—   VIII. Cour d'assises de la Seine 131
—   IX. Cour d'assises de la Seine (suite) . . 149
—   X. Cour d'assises de la Seine (suite) . . 169
—   XI. Cour d'assises de la Seine (suite) . . 189
—   XII. Cour d'assises de la Seine (suite) . . 209
—   XIII. Les amants de la rue Mâcon . . . 231
—   XIV. Dans la serre de Régina. 249
—   XV. La quadruple alliance 263
—   XVI. Le roi Charles X. 289

Fin de la table du dix-huitième volume.

Fontainebleau Imp. de E. JACQUIN.

Ouvrages de George Sand.

François le Champi	2 vol.
Piccinino	5 vol.
Le Meunier d'Angibault	3 vol.
Lucrezia Floriani	2 vol.
Teverino	2 vol.
La Mare au Diable	2 vol.

Ouvrages de Paul Duplessis.

Les grands jours d'Auvergne.
Première partie, *Raoul Sforzi*. . . . . 5 vol.
Deuxième partie, *Le gracieux Maurevert*. . . . 5 vol.
Les Etapes d'un Volontaire.
Première partie, *Le Roi de Chevrières*. . . . . . 4 vol.
Deuxième partie, *Moine et Soldat*. . . . . 4 vol.
Troisième partie, *Monsieur Jacques*. . . . . . . 4 vol.
Le Capitaine Bravaduria. . . . . 2 vol.
La Sonora . . . . 4 vol.

Sous presse :

Les Pervertis.
Un monde inconnu.
Le Grand-Justicier du roi.

Ouvrages de Paul de Kock.

Un Monsieur très tourmenté	2 vol.
Les Etuvistes	8 vol.
La Bouquetière du Château d'Eau	6 vol.

Fontainebleau, imp. de E. Jacquin.

www.ingramcontent.com/pod-product-compliance
Lightning Source LLC
Chambersburg PA
CBHW071233180428
43196CB00009B/1292